认知升维

高阶职场的底层逻辑

凌云 著

中国法制出版社
CHINA LEGAL PUBLISHING HOUSE

前　言

在职场，我们经常看到很多聪敏、有天赋、勤奋努力的人凭着出色的业绩能够快速升职，晋升管理者行列。然而没想到的是，他们此后会被“卡”在某个位置上，错过本该属于自己的发展机会。

原是被广为看好的员工，却开始不顺、蹉跎不前；本可以在更大的平台大展拳脚，不承想陷于一隅、难以施展。

这些人缺乏的并不是处事做人的技巧，也不是某一方面的专业能力，他们自己就颇有建树，具备较强的领悟和感知能力，所以笔者不会像很多书那样建议他们提升情商、注意沟通技巧……这些只是停留于“术”的层面，很多人存在的问题不是这些表现形式，根本差别在于“道”：底层逻辑——思维方式决定了你的行为方式。看清楚几个基本准则，梳理好基本逻辑，底层逻辑对了，外在行为的改变自然就水到渠成了。

这些有才干的人大多有较高的自我期许，一心想要成就一番事业，推动组织更好地发展，惠及更多人。但是，他们有时对公司运作基本规则判断失误，从而误入歧途，给自己的职业生涯带来一定的打击。不要成为徘徊在边缘的人，而是要竭尽全力施展你的天赋和潜质，成为职场生活的主流。只有这样，你才有机会做更多“正确的事”。

对于你而言，工作的意义何在？它仅是一份薪水、一个让你维持生活的工具吗？它给了你社会地位，给了一种让你跟更大的世界产生关系、不同于家庭生活的人生吗？你是不是深富竞争性，认为你的人生意义在于战胜别人、在你的领域中出类拔萃、在你选择的行业里不断地获得升迁？

大多数人都希望自己做的事情很重要，并且想要跟别人产生连接和改变世界上的某些事情。我们想要成为问题解答的一部分，即使只是很微小的一部分也无妨，但都不愿意成为问题本身。

我们在工作中投入了大量的时间和精力，自然希望能看到一些成就，希望从中找到我们对自己的满意度及自我实现的意义。我们可以在工作中找到满足感或愉快感，但获得升迁、名誉和机会以进一步拓展事业，也是工作意义的一部分。

也许有人会说，职位的高低不同于自身能力的强弱，二者并不能混为一谈。我们在职场应该将目标设定为提升自身价值，而不是获取某一个体面的职务。

不过，职务的提升和自身价值的提升其实并不矛盾，二者并不是非此即彼的关系。在一个人价值提升的过程中，职务的提升是其中一个方面。职务的提升可以为人们提供更广阔的平台和机会，让其眼界更宽广、格局更大。职务的提升有助于人们更好地实现自身价值，二者应该是良性的互动、互补的关系。

想要升职的年轻人不少。毕竟，在企业的组织架构中，越往上，管理层的岗位越少。想要升职本身并不是什么坏事。对于一个对事业前途有追求、有期待的人来说，希望自己的能力得到应有的评价，是很正常的事情。

很多有才华的人无法获得升职机会，最主要的原因在于他们不了解职场规则，或是理解错了职场规则。他们总是对职场的形势做出错误的评测，从而选择最不明智的策略用于自己的晋升。

我们通常都认为，在公司中，只要员工有天赋、努力工作，他们就能得到晋升的机会。人们的职场策略大都是根据这样的逻辑而建立的。

然而，才干和专业技能并不总能让你顺利获得升职。事实上，如果你不恰当地使用自己的才干和专业技能，反而会让你的事业变得糟糕。对于很多能干的人来说，这一点是很难接受的，你经常能听到他们慷慨陈词，说自己毫无私心、一心为企业着想，自己的看法是正确无误的，其实他们根本没有抓住要点。在公司中想要发展，必须根据自己所处的环境选择恰当的策略，不要做出错误的评估。

看着很多同年进公司的人的职位渐渐高过自己；看着自己曾经面试进来的“后辈”占据了重要位置；看着自己即使辛苦地工作，也没有涨多少工资，更没有更大的平台和机会去实践自己的价值理念……如果你觉得自己也碰上了同样的问题，也许就是因为你把太多的时间都放在了眼前的工作上，而不是为职业长远的晋升做好准备。也许你并没有太关注“个人利益”，无暇规划未来的蓝图，但这会限制你的职业发展之路。

理解错了规则，怎么可能会有更好的发展呢？

除非你善于管理自己的思想、行为和反应，你才能让自己的成长和晋升之路走得更顺利一些。笔者多次目睹了因为自我领导的缺失，有的管理者遭到了沉重的职业生涯打击。如果人们能将注意力放在自我领导能力的培养上，笔者相信，它会成为扭转职业生涯的关键。

这就是为什么在本书中，笔者会指出一些错误的认知模式和行为模式。这些错误可能会阻止你的成长和获取最终的成功。这些错误行为并不总是在无意识的情况下做出，很多时候也是“明知故犯”。

一些职场人身上有很多明显的错误行为模式，他们有意识或无意识地重复着这些错误行为，这些行为一直是拖他们工作的后腿。意识到这些错误模式，将会帮助你更好、更高效地管理自己，这样才能达到你的理想状态：能干、自信、可靠。

本书所能做的，就是帮助你从其他人的错误中吸取教训，这样你才可以避免再犯同样的错误。笔者希望在阅读本书时，你能充分理解并运用这一点。

请你准备好：

- 从他人的错误中吸取教训
- 质疑你那些想当然的想法
- 积极改变根深蒂固的不良习惯，以及保持开放的学习状态通过这些方法，你可以精通自我领导，并让你的职业生涯上升到新的高度。

希望本书能够带你走出困顿的状态，解决你在职场中遇到的疑惑。如果只跟你讲些陈词滥调，或说些无关痛痒的溢美之词，你自然不会有任何变化——你需要的不是毫无意义的心灵鸡汤。

如果你是一名刚刚经历困境的领导者，那么本书对你再合适不过了。你能够从本书中获益颇多，如果你是：

- 一名领导层新人
- 一名刚刚进入新职位或晋升到更高职位的资深领导者
- 一名领导力发展课程学员
- 一名将要或正在进行360度反馈评估的领导者
- 一名刚刚因为信任危机或能力质疑而离职的高管
- 一名因超量领导工作而困惑和灰心丧气的资深领导者

要想从本书中获益，需要你放弃自己的执拗，选择适应和改变。这意味着，你需要对自己的行为及其后果全权负责。你要对今天的自己拥有冷静的认知，并且坚信通过持续的努力，你会成为一名更优秀的领导者。这意味着，你要接受个人层面上的改变和挑战，放弃心中那些不适宜的成见。

这一切起始于伤及你自尊的那一刻，但要想获得职业上的晋升，你就需要重新理解这段经历并从中汲取力量。这就是本书要帮助你的地方。继续阅读本书，你会发现自己所经历的困境和难堪是一份真正的礼物，它会帮助你成为更真实、更高效、更满足、更自由的领导者。

在工作中总会遇到不顺心的事情。同事对你说了谎话；或是别人因为你的出色工作而嫉妒你；又或是老板管理员工不能做到一视同仁……不管发生了什么不顺心的事情，你可能都会感觉自己受到了打击。

但为什么会处于如此境况？难道只是运气不好或者怀才不遇吗？

在涉及职业发展问题时，没有好运气或坏运气之说，也不存在偶然的境况，没有受害者的角色，有的只是因果关系。不要总是关注自己身上发生了什么，而是要关注自己做了什么，或者没能做什么，造成了这种困难局面。不管是好的还是坏的，即使你会感觉自己受制于各种客观因素，但事实上你一直都有选择，甚至直到今天。

国际象棋比赛进行到一半时，玩家不能抱怨自己的棋子摆错了位置或没有太多的选择，因为现在这种情况是他自己一步步造成的。如果重新回放自己人生的这场象棋比赛，你会看到，在很早之前，这些选择和决定就已经把你置于一种在感觉上没有任何选择的境地。

当然，你也必须问自己，你会怎样调整自己的做事方式。职场不断变体，但你改变了吗？是主动改变还是被动改变？对于未来的挑战和机遇，你做了什么准备？

如果说事业和生活的发展会遵循一条基本原则的话，那就是个人要对所有情况和环境承担责任。承担个人责任意味着不会推脱责任，意味着不能找借口、提到他人或将所处环境归咎于外部事件、不公平或坏运气等。

给自己一些时间，深入思考自己的生活和工作、经历过的挑战以及做过的选择。未来你还会遇到挑战，仔细思考以下问题：

- 我为什么会处于如此艰难的境况？
- 到目前为止，我从这个经验中学到了什么？
- 我对自己又有了怎样的了解？
- （自身）什么改变更有利于我？
- 做出这些改变，我有什么计划？

其实，在加速职业发展上，你一直都有选择。坦诚面对自己的缺点和失败，注意自己的行为习惯，保证自己对生活和工作负全部责任。人在遭遇逆境、碰到挫败，甚至身心受创时，会把个人的力量、潜力发挥出来。

笔者不是过度倡导逆境的影响力，要每个人都来尝试逆境的滋味，笔者只想强调，吃苦受难并非百害而无一利，能从中发现好处者，其实是找到了人生的珍宝。

凌 云

目录

第一部分 识局：职场跃迁的认知误区

第二部分 破局：职场跃迁的认知升维

第一部分

识局：职场跃迁的认知误区

第一章 误区一：只要业绩的目标思维
第二章 误区二：苛求完美的精英思维
第三章 误区三：急于求新的变革思维
第四章 误区四：人际沟通的受害者思维
第五章 误区五：路径依赖的惯性思维
第六章 误区六：真实自己的任性思维

第一章

误区一：只要业绩的目标思维

在职场，我们经常能看到很多有才华的管理者摩拳擦掌想要开辟一方自己的天地，他们如同斗牛场中的斗牛士，拼尽全力、高度警惕，一心想要征服工作这头“牛”，以为征服了这头“牛”就能换来鲜花、掌声和个人声誉，似乎这头“牛”越难以征服，他们的价值就越高。

然而，职场毕竟不是“斗牛场”，其游戏规则也并非这样确定和浅显，准确理解规则，才能让自己的才华和天赋更好地发挥。

人们常犯的最大错误就是认为，所谓的良好的业绩，即工作成果，就足以让他们获得升职，并让他们避开一切艰难险阻，一路坦途。越是困难和艰巨的目标越能体现他们独特的价值和天赋，越是能让他们获得出人头地的机会和关注。因此，我们会视“工作目标”为一切，一不小心就患上了“目标综合征”。

笼统来说，所谓“目标综合征”，就是指一个人过于关注目标，把达成目标当成唯一使命，不惜牺牲一些更重要的东西，甚至忘记最高使命。这种对于目标的极度关注和狂热追求往往正是我们克服困难，将自己的工作尽量做到最好的动力。

当然，在很多情况下，高效达成目标是一件值得称道的事情。但是，从更长远的职业发展前景来看，如果一个人过于关注目标，那么他很可能距离失败不远了。

没有获得升职的机会并不是你不知道升职的重要性，我们都知道该力求获得成长和升职。没有获得升职的机会，很多时候是因为我们将事情的轻重缓急搞错了，而且对自己的行为做出了错误的评估。有些年轻人总是简单地将完成任务本身当成自己的唯一目标，而且总是有一种盲目的自信，相信只要他们努力且高效地完成工作，那就足够了。

经常会听到一些职场前辈的谆谆教导——“业绩是你最好的盔甲和保护伞”“有业绩才有尊严”，对于职场新人来说，这无疑是相对正确的路径选择，然而当你成为团队管理者之后，还是秉持这种理念的话，那就无疑是故步自封和自欺欺人。

对于职场新人来说，注重专业技能，力图在每个细节上做到精益求精，希望成为业内专家，这当然是提升自己工作能力的好方法。但当你想在职场上前进一步时，这个想法可能就不太对了，这种工作方式并不会给你带来更多成就。

这种工作方式为什么不会带来更多成就呢？首先，单纯地聚焦工作目标几乎耗费了你所有的精力，这让你再也没有心思去关注自己综合能力的提升，而这对你的成长和晋升十分必要；其次，“目标综合征”会导致一系列的问题，会让你的行为变形，从而产生一系列负面影响。

从个体贡献者到团队管理者，你缺的是什么

对于每个人来说，晋升为团队管理者的确是职业生涯中一个关键节点。这往往是对出色业绩的嘉奖和肯定。但从个体贡献者到团队管理者的转变是一段艰难且充满冒险的旅程，原本拥有远大前程的人在成为管理者的路途上受阻的例子比比皆是。尽管他们都曾是出色的个体贡献者，但却从未真正成功转型为

团队管理者。

在他们晋升为团队管理者之前，大多是个体贡献者，或者说是杰出业务员或专业人士。他们的主要职责是完成特定的专业任务，他们对组织的贡献是独立的，主要依赖于个人的专长、经验以及行为。相比之下，团队管理者则负责整个组织或其中的一个部门，主要职责是督导他人而非自己直接完成专业工作。

向团队管理者角色的转换，不只是获得能力和建设关系那么简单。更准确地说，它是一种深刻的转变，是一位个体贡献者以团队管理者的视角去感受、思考和衡量价值的发展历程。

晋升到管理层意味着团队管理者在职责范围上的一种飞跃：管理更多的人员、资源、产品和市场。团队管理者对企业目标的贡献基于他们对整个团队的影响，他们必须通过他人完成工作。因此，他们必须建立和维护更大、更多样的人际网络，包括一个完整的新群体——下属。

在角色转变的过程中，团队管理者需要放弃固有的态度和习惯，以及不断建立新的思维方式和行为模式。团队管理者最大的挑战不是完成任务，而是自我成长。作为团队管理者，要放下自己曾经舒适并且高度认同的身份，为下属创造和提供一个支持性的环境，让团队达成目标。

专业素养是获得晋升的基本要求，而晋升之后能走多远、多稳，拼的就是你的人际协调能力。正因如此，对于任何一家公司的中高层管理者来说，最核心的素质要求是人际互动、人际协调的能力，而不再是某一方面的专业素养。事实上，即便是在其他方面还没有达到理想的水平时，你的人际交往技能也会成为影响你职业发展的重要因素。试想一下，你愿意请一位什么样的人担任财务总监：是一位会计水平不错、很善于与公司外部的人打交道，同时又善于管理那些聪明下属的人？还是一位极聪明，但不喜欢与他人来往，也不善于管理他人的人？

毫无疑问，这个选择并不难。那些善于和人打交道的人常能成为职场的“宠儿”。之所以会这样，部分原因在于他们知道如何找到比自己更懂得财务的人，并且能够成功地领导他们，而那些聪明的会计高手却未必能做到这一点。

想想看，我们是怎样看待那些职场上的“成功人士”的，我们对“成功”的界定是怎样的呢？我们很少会认为这些人是仅凭他们的职业技能甚至智商而取得成功的。有时我们可能会说：“他们的确很聪明，但聪明并不是让他们取得职业成功的唯一因素。”除某一项技能突出之外，必定还有其他原因。

研究生王某和本科生赵某是同一批进入某金融科技公司的毕业生。如果从两个人的学历条件来看，毫无疑问王某具有优势，然而从两年后两人的发展情况来看，并不是如此。

王某性格木讷，不善于交际，基本不参加集体活动，能躲就躲，在公司的存在感很低；赵某虽然专业能力一般，但为人活络，特别善于沟通，人缘特别好，别人搞不定的事，他一个电话就解决了，不仅获得了公司内部同事的认同，也给客户留下了深刻的印象。

一年之后，一个团队管理岗位空缺，赵某最终成功地当选了。

几乎每个企业都有这样一些“专家型人才”，如电脑专家、数据高手等，他们在某一方面的技术水平比较高，但讷于言辞，相对于同人打交道，他们更愿意面对机器设备、更愿意研究技术。这样的人，通常能获得同事的认可，但很难成长为优秀的团队管理者，因为他们对影响别人没有兴趣，也不善于处理复杂的人际关系。

并不是说每个人都要走一样的职业发展道路，每个人的兴趣点和看重的事情都不一样，有的人就是喜欢做精、做深某一个专业模块，而有的人则对带领团队、影响他人感兴趣，只是如果你想要让自己获得更大的影响，就不能忽视人际互动的力量。

一些凭借才华居于核心岗位的人，如果不能有效地管理好自己的人际互动，不愿意花时间维系人际网络，很可能会给自己的事业发展带来阻碍。

某编辑能力很强，喜欢研究选题，而且他策划的书销量非常高。在出版社的畅销书排名中，前 10 名中有 5 本是他策划的，同事都很佩服他。接下来，他做了下面的事情：

不把领导放在眼里，认为领导是行政出身，不如他业务能力强。

总是说凭本事吃饭，在哪个出版社都能做出畅销书，让人感觉忠诚度太低。

领导点名表扬他，他居然冷淡以对，认为这是自己应得的。

他经常说的话是：我是来做事的，不是来交朋友的，把书做好就行了。慢慢地，他失去了领导的信任，后来做什么都感到别扭，只能黯然离职。

其实工作业绩这么好，不用刻意讨好领导，只需要正常的沟通和开放心态就可以了。我们有时会和成功失之交臂，与我们不够重视职场人际互动有很大的关系。工作不只是工作，还要重视其中的人际关系。这些关系是在我们的工作中逐渐形成的，对个人和集体都有意义。如果我们太过于关注结果，忽略了人际互动，不关注这个过程中“人”的因素，这些关系就会出现危机。

结果就是我们越想成功，成功的希望就越渺茫。

别让自己成了“工头”

什么是“工头”呢？顾名思义，就是带领、监督工人劳动的人，更常见的是出现在工业革命时期的流水线车间里。看起来似乎同我们今天的企业管理有着天壤之别，然而很多管理者的管理思维却同以前的“工头”有相似之处。

工头型的人对别人的要求很多。这种类型的人总是在催促别人，总是要求别人负责，让周围的每一个人都全力工作。这种类型的管理者容易冲动，与别人容易产生矛盾，而且总是会把局面弄得很糟。长此以往，很容易在职场上树敌。如果他们只关心工作目标，无视手下员工的幸福，员工很快就会对其失去信心，进而转身离开。

许多管理者不太注意“人际互动”这件事，尤其是成就动机超强并且过去是“明星员工”的管理者。许多研究指出，强烈的任务导向让他们将必须完成的任务和身为上司的权威视为核心，而忽略了团队工作中的情感需求。

许多管理者常会以“做这个、做那个”的态度来要求下属。他们未必真的那么有控制欲，只是以为运用权威就能有效影响别人、取得成果。

许多管理者希望在自己的组织中发挥影响力，在公司发展中扮演重要角色。当他们下达指令时，等于在说：“去做这件事，因为公司已经把任务交给了我，我可以做主，你们要听我的！”

你喜欢采取什么样的管理方式？你是否也会依赖职位的权威，以获得你所需要的结果？你也是通过直接告诉别人该做什么来发挥影响力吗？你觉得应该这样做吗？

若是如此，你可能就和很多管理者一样，都误解了正式职权的本质与目的。不少人认为下命令就是管理者的核心工作，指挥别人是管理者的天职。

问题是，员工不希望和你的关系仅仅是权威的关系。他们希望能同时拥有一种个人的、人性的互动和情感的联系，他们希望你真心关怀、鼓励他们成长与发展。许多研究显示，与老板之间的人性化关系是决定下属工作敬业程度的关键因素。

某小型企业的负责人从来不和下属谈论私事，也不主动了解下属的生活与兴趣。直到有一天，该负责人的下属决定通过一个中间人让其知道，他们非常不喜欢其对待大家的方式，他们希望与他建立起真实的互动关系，即使他的身份是领导。

员工不想要完全以权力为基础的上下级关系。大多数的管理者很快就会沮丧地发现，仅仅凭借工作上的职权并不能有效地影响别人，让自己获得想要的团队成果。相反，以专横的态度下达强硬的指令，只会让人心生反感、伺机反抗。

如果你要的是员工的全心投入，以及把事情做好的强烈愿望，你就必须通过赢得他们的心，来赢得认同和全心付出。当你依赖工作所赋予的权威时，你基本上是通过“恐惧”来管理——害怕不服从可能带来的后果。恐惧压迫是一种功能有限、深具破坏性的管理方式，绝对无法激发出任何真正的认同感和使命感。

聪明的管理者会主动征求意见，让那些可能会受某项决策影响的人参与到决策过程中。他们会让自己所做的事和原因尽量透明，也就是说，他们让办公室大门随时敞开，可以随时沟通。他们知道，要赢得别人的支持与认同，没有比这更好的办法。

管理既是一个拥有权力的职位，也是一个依靠下属的职位，管理者必须学会以说服的方式而不是以命令的方式进行领导。你必须忘记你的权威，并开始说服别人，而不是简单地发号施令，否则他们不会改变想法。管理者必须激励和引导员工使其朝着组织的目标前进。

小心梦想变梦魇

你把工作目标当成唯一，不惜一切努力去达成目标。一个人之所以会患上“目标综合征”，其根本原因在于他没有真正理解管理到底意味着什么，或者没有看清楚实现目标的路径。很多人相信，只要赚到了足够的钱，或者是得到了更大的办公室，就会得到真正的幸福。于是我们就不遗余力地去追求这些目标。

可直到很久之后，我们才意识到自己可能会在赚钱的过程中失去那些真正重要的东西，在谋求更高职位的时候，我们可能会伤害到其他同事，而他们的支持才是我们成功的关键。在经过重重困难而实现目标之后，我们才发现原来自己走错了方向，并没有得到想要的幸福。

导致“目标综合征”的另一个原因是我们误解了自己的真实意图。比如上司要求我们当年实现超常规的销售额，而我们发现自己很可能无法实现这个目标，这时“目标综合征”就会迫使我们采取一些不适当的方式来达到这一目标，比如让同事不停地加班、诋毁竞争对手，等等。

换句话说，我们有时会为了实现别人为我们设定的目标而拼尽一切。可如果你仔细反省一下的话，就会发现自己真正的目的并不是要实现这个销售目标，而是要极力取悦自己的上司，通过目标的达成获得上司的认同。好像达成了目标就能得到一切，似乎只有获得认同才能让我们匮乏的内心找到满足感和价值感。

所以，一个患有“目标综合征”的人很容易混淆自己的价值观。当他过于关注自己的目标时，就很容易混淆是非、颠倒黑白。结果就是在拼命追求目标的过程中迷失了自己，解决了一个又一个问题，奋力赶路，却忘记了为什么而出发。

当一个人能够帮助我们实现目标的时候，我们便会对他和颜悦色；而当一个人对我们实现目标没有任何帮助的时候，我们便会将其拒之门外。于是在这个过程中，我们越来越功利，把别人当成了实现目标的工具，我们会不知不觉地和自己的价值观相背离。很多人会说走着走着把自己弄丢了，“找不到自己了”，说的就是这种荒谬和无奈。

高某毕业于国内一所重点大学，在一家科技企业就职，从事的是当前热门的大数据研究和应用。从入职开始，高某就展现出非常高的专业水准，更为难得的是，高某做事非常投入，非常敬业，短短一年内已经在公司的两个重大项目中崭露头角，获得了同事和客户的高度认可。

随之而来的是，高某被提拔为公司负责数据治理部门的经理，高某不仅自己投入工作，而且对同事们也是“高标准，严要求”，雄心勃勃想要在业内打出知名度。

然而，高某对工作目标的执着和对工作标准的严格要求很快让同事们怨声载道，不少人觉得高某没有人情味，为了目标不顾团队死活，高某俨然成了同事们口中的“魔头”，团队士气比较低落。

其实，同事并没有觉得高某的雄心勃勃有什么不对。她总是会为自己确立清晰的目标，总是想让自己在所处的行业里成为“超级明星”，而且她显然正在朝着这个方向努力。但由于患上了“目标综合征”，高某已经变得不再像以前那样充满热情和乐观。她变得越来越严苛，对待下属也越来越冷酷无情。

同事对高某最主要的抱怨就是：她总是想成为焦点，成为所有人关注的对象。每当向上司报告工作的时候，她一定要成为所有工作的核心，这就是她的缺点。“目标综合征”使得高某变成一个过于关注荣誉的人，她甚至会把那些根本不属于自己的功劳据为己有。

“目标综合征”本身并不是一个缺点，但它会引发一系列问题。追求梦想是一回事，但如果追求的方式错了，你的梦想就很容易变成梦魇。

希望你在遇到一些问题或决策的时候，能够停下来及时检视，别忘了为什么而出发，问自己几个问题：

- 做这件事的初心是什么？
- 现在的做法是否符合最初的目的？

保持清醒，别让自己迷路。

我们都不完美，都有生而为人必有的优点与缺点。想要成为杰出的管理者，就要不断努力去缩小现实与理想之间的差距。我们需要对自己的不足有清晰的了解，想方设法来弥补它，让自己变成更有影响力的人。

管理始于你是谁，以及别人怎么看待你。在你的管理者之旅中，与下属建立起正确的关系是所有一切的基础。千万别把关系只建立在职位权威之上，而要让关系建立在别人对你的能力及个性品质的信任上。

员工是否真的关心、在意自己所做的工作，就变得非常重要了。你不能简单地给他们下命令，然后等着评估工作成果。你需要运用一些迂回但却更有效的影响方式，如支持、鼓励、协助他们进步等。

高效的管理者最终都会发现，工作职权既不是管理的核心——它不是让他们成为管理者的关键，也不是影响别人唯一的或最好的方法。工作职权只是一种效果有限的影响力来源，仅仅依靠职权，无法做到让下属全心投入，让管辖权范围以外的人与自己充分合作。

要在你的管理者之旅中大步前进，你就须不再执念于职权是影响别人的最重要的方法。接受你必须依赖别人的事实，学会使用更有效的影响力工具。

第二章

误区二：苛求完美的精英思维

有些管理者有着一种追求完美的“精英思维”，潜意识中认为人人都应该是精英，具备聪明、勤奋等优点，把对自己的要求和标准投射到身边人身上，达到一定标准的人才会得到其认可和肯定，达不到的就轻视。喜欢以高标准要求自己的人，如果也以同样的方式对待周围的人，这一点是很容易招致同事及下属的敌意的。

对于完美的追求或许是引领你一路向前走的动因，但现在，这种执念会妨碍你成就更好的自己。之所以这么说，主要有以下几个原因：

第一，苛求完美的执念不仅会给自己，也会给周围的人带来巨大的压力。如果事事都想达到完美，那是不可能的。

第二，苛求完美会让你一直专注于细节，这可能导致你没有精力规划未来的宏伟蓝图。但很明显，后者才是一个领导者更需要关心的事情，只见树木不见森林，久而久之会限制你的格局和视野。

第三，对于完美的苛求会给你带来消极的思维模式，因为你总是会看到一些出了状况的小细节，而你又会为这些小细节毁掉整体。如此恶性循环会让你的情绪一直很糟，而消极的心态是一名领导者的“死穴”。

没有完美的个人，只有优秀的团队

当你把苛求完美看作成功的通道时，一定会为此付出代价。

因为大多数人是普通人，有着各种各样的优点，也有着各种各样的缺点，如果你仅盯着人们的缺点来看，你肯定要非常失望了。不需要人人完美，也做不到人人完美，如果在职场人人都是“完美者”，人人都积极投入工作，人人都坦荡无私，哪里还需要那么复杂的管理架构，哪里还需要那么多的管理岗位呢？

正是因为大多数人是有着缺点的普通人，才更考验管理者的智慧和格局。你需要做的首先是接纳现实，客观中立，在充分了解每个人特质的基础上，用人之所长，更好地实现人岗匹配，尽可能地发挥每个人的特长、规避短板，释放出最大的人员效能，发挥出团队的力量。没有完美的个人，但是可以有完美的团队。

让我们来看看宋某某的故事。

宋某某是一家国际保险机构的“超级员工”。她工作卖力、组织能力极强，并且能熟练运用五国语言，是一名非常优秀的公共发言人。不管是开源还是节流，她都为公司作出了巨大的贡献，这也让她很自然地成为公司首席执行官的候选人。然而，她对于工作目标的完美执念最终导致她与这个职位擦肩而过。

当公司向大家征集3位首席执行官的候选人资料时，宋某某的弱点暴露无遗。这些反馈很多都来自她的同事和下属，而且他们的态度出奇一致：都十分欣赏宋某某的工作能力，但同时也觉得她控制欲太强，太爱指责别人。

有一位与她关系很近的同事是这样写的：“宋某某的表

现十分出色，在工作成果方面无可指摘，但她似乎对别人的要求太严格了。她太容易焦虑，担心任何细节问题所导致的失败，这让团队里的所有人都精疲力竭。”

另一个下属这样写道：“只要你待在宋某某身边，你就永远无法放松下来，她总是在观察是否有一些细节出了纰漏，所以在会议上畅所欲言变成了一件很难的事。因为如果你没有经过深思熟虑就说出某个想法的话，她会用至少五点理由来否定你。我认为这严重限制了部门的创新能力。你不难发现，即使是部门里最聪明的那个人给出的方案都是中规中矩的，虽然不会犯错，但是没有任何创意。”

就这样，对于目标的完美执念使宋某某失去了首席执行官的竞争优势。虽然她有着卓越的能力和才华，但她似乎还不具备一名高层决策者该有的素养。一位参与这次反馈的董事会成员总结道：“宋某某是一个善于发现并处理潜在风险的人，但是这个优点现在看来就不是优点了。我们的首席执行官必须要有信任他人的能力和承担风险的勇气，还要有一定的远见，这样才能让公司实现可持续发展。”

当我们以“完美”的标准去要求别人的时候，很容易严厉、苛刻地评判身边的人，很容易形成不信任和负面的工作氛围，管理者和员工形成对抗的关系，没有向心力和凝聚力，从而阻断团队能量的正常发挥。

一枝独秀不是春。优秀的组织需要的是优秀的团队的支撑，需要的是更多人的积极参与和价值贡献，而不是一个听不得不同意见的管理者。很多时候，可能你在智商、眼界等方面远胜于你的同事，但一个人的能量和价值始终是有限的，更需要具备作为领导者该有的格局和大气。

特别是在一些大型企业里，分工更加精细化，很多项目都需要跨部门的协作才能完成。如果一个领导者不具备较强的沟通协调意识，没有开放的心态，不懂得倾听不同的意见和诉求，是很难开展工作的。

很多管理者习惯寻找优秀、聪明、大胆以及有理想的员工。即使你的团队成员都很优秀，但是你的管理压力也并不会减少。你的压力并不在于如何更好地达成工作目标，而是如何想尽办法创造更多的平台和机会给这些人去施展、满足他们的“进取心”。

要知道，优秀员工渴望挑战，他们并不会满足于默默无闻地做团队的“螺丝钉”，也不会甘心于只做一些基础工作，他们对工作有更大的抱负和期许，他们想要更多的机会和更大的平台。

如果你把注意力放在团队中最有抱负的人身上并给予他们最好的资源，那么就会对其他同样优秀并且乐于待在自己岗位上的员工造成伤害——他们是团队的中流砥柱。一个具有凝聚力的团队需要由多样化的人员组成，既要有成长性好、渴望晋升的“明星员工”，又要有稳定性强、安于现状的“基层员工”。

最典型的是《西游记》的取经团队，他们性格各异，本领各异，却又缺一不可，团队中的每个人都明确知道自己的位置是什么以及应该做什么，知道出了问题找谁。

唐僧虽然战斗力不强，需要别人的保护，但他是团队的核心，执着、自律，不管遇到什么艰难险阻，也不管遇到什么诱惑，都没有放弃，确保了团队的方向和目标，一路朝着正确的方向教导徒弟，不仅如此，每经过一个关卡他都要负责对外沟通，凭借良好的沟通才能带领团队一路顺利前行；孙悟空法力高强，遇到问题总是第一个挺身而出，探查究竟，离开本职岗位还不忘安排师弟及时补位，业务能力强且有一定的组织能力，在团队中发挥了重要作用，没有孙悟空的能量，许多事情就没法干成；沙和尚一路挑担，照顾师父，从未有不满或畏难情绪，业务能力虽然一般，但听从组织指挥，顾全大局，在团队中甘做老黄牛，对团队的价值观念强烈认同，如果没有沙和尚的话，那副担子恐怕多数时间只有唐僧自己挑了；猪八戒业务水平一般，抗挫折能力弱，但一路上说说笑笑，憨态可掬，总能让紧张的气氛自然化解，让团队在前行的路上始终充满动力。

这几个人物都是现实工作中的典型角色，缺一不可，只有协作才能在团队中发挥重要效能。一个理想的团队最好由不同类型的成员组成，长短互补，从而保持功能上的均衡。

“太想赢”会影响职业发展

“有竞争意识”和“咄咄逼人”之间有一条明显的界限，但很多有才华的人总是不知不觉就越界了。

太想赢，对很多人来说，是摧毁对话的第一“杀手”。生活是一个巨大的竞技场，里面有无穷无尽的比赛，我们不停地和身边的人展开竞争。大多数人并没有意识到这种欲望正把我们拉得越来越远，早已忘记了利用健康对话解决问题的方式。的确，我们的初始目标是解决问题。但每次只要有人提出反对或质疑的声音，我们转眼间便会把初始目标忘得一干二净。

太想赢的另一种表现方式就是常常忍不住要展示自己很聪明。没错，很多有才华的人的确比较聪明。我们需要赢得人们的仰慕，总想成为人群里最聪明的那个人，但结果往往事与愿违。可很多人每天还是会有意无意地这样做。

这样的例子有很多。比如，每当有人向我们提出一些具体的建议，我们表示同意，但随后又会提出自己的看法；别人在说一件事情，我们却不耐烦地点着头。当我们通过身体语言告诉对方“你所说的我早就知道了”的时候，都是在向对方传达一个信息：我知道的比你多！

作为管理者，由于岗位的加持，你所接触的信息量肯定要大过你的同事，眼界更开阔，见识更广博，这是很正常的。但若以此作为自傲的资本就太不合适了。

有很多管理者还会在公开场合直接打断别人“你不用说了，我知道”，简单粗暴，根本不考虑别人的感受，打击、伤害了别人而不自知。

聪明的人懂得激励周围的人，而一味吹嘘自己有多聪明的人只会让别人对你敬而远之，不仅显示了你的浅薄，而且是对别人的轻慢和不尊重。

人们被打败的原因通常在于，尽管他们全力以赴，却在如何评估、融入环境方面犯错。我们投入在事情的处理中，却忘记领导力本质上是一项在心智、情绪、精神及身体上对我们提出挑战的能力。

对事不对人？不，对事就是对人

在职场，常常会见到很多激烈的争论场面，很多当事人会辩解自己是“对事不对人”“就事论事”，如果对方介意就是“不大气”“器量小”，这常常是我们一厢情愿地为自己开脱，把自己该承担的责任推卸给别人。

人和事从来都不可能真的分开，当我们言辞激烈地表达对事情的看法时，接收到我们情绪的是参与事情中的人，别人并不会如你所愿地将人和事分开，而是感受到你的态度是强硬、咄咄逼人，是轻慢和不尊重。这种轻慢和不尊重常常会带来冲突。

放弃你的强硬立场和绝对化的表达，并不是要放弃你的观点。你当然可以拥有坚定的信念，但是要调整好表达策略，温柔而坚定。

首先，关注你的行为。你应当关注那些对方对你表示不赞同的情况。他们可能会提高音量或是强调自己看到的事实，当然也有可能以沉默不语的方式表示反抗。这时，你应当把关注点从话题（不管有多重要）转移到自己身上，留意你的表现：

- 你是否身体前倾、怒目而视？
- 你是否提高了音量？
- 你是否一心只想战胜对方？

- 你是否不给对方机会，长篇大论地指责对方，用各种理由为自己辩护？

记住，对问题本身越关注，你就越难以做出正确的行为表现。

其次，你应当表现出宽容、开放的心态，假定对方的观点也有价值，也能有效地解决问题，然后请他们说出自己的看法。

当然，要做到这一点并不容易。很多人都难以放弃自己的立场。试想当你完全相信某个观点时，想要让你缓和咄咄逼人的语气是很难的。毕竟，当你知道对方的想法不正确时，又怎么会征求他们的意见呢？这不是自寻烦恼吗？

的确，当你坚信自己的观点正确时，如果仍试探性地征求别人的看法反而会让人感觉不真诚。可是，看到别人偏离正常对话，并将自己的观点强加于人时，我们很清楚，除非他们放弃强硬立场，否则其他人很难接受。反过来也一样，如果我们想让别人接受自己的看法，只有放弃强硬立场才是正确的做法。

所以，我们必须老老实实地面对问题。我们在观点强硬时往往会意气用事，从而让自己成为激动情绪的牺牲品。当然，坚定地相信一件事，这种做法本身没有问题，你完全可以持有毫不动摇的观点。真正的问题在于，我们表达观点的方式出现了偏差。

例如，一旦相信自己的看法或理由正确无误，我们的情绪便会悄然作祟，想当然地认为别人应当接受自己的观点。当情绪取代理智时，我们的思想就无法正常运转，导致无法继续自由交流。与此相反，我们的强硬想法会像消防龙头里的水一样喷涌而出，不给对方任何反馈的机会。

结果呢？这种做法只会引发对方的抵触情绪，达不到期望的效果。出现这种情况时，我们的情绪会把原本正确的观点变成令人难以接受的“洪水猛兽”，我们的激情举动往往不会推动对话。

最后，控制你的表现。那我们该怎么做呢？你应当在发表长篇大论之前及时控制住自己。看看自己是否开始感到义愤填膺，是否弄不明白为什么大家不肯接受你的观点。毫无疑问，这些都是非常明显的信号，它们能帮助你发现自己是否正在偏离健康对话的轨道。

第三章

误区三：急于求新的变革思维

有些人谈论公司的时候，想当然地认为公司系统是科学严密、公平合理的。不过，在大多数公司里任职后，你可能就会发现，公司常常有很多制度的缺陷、决策的失败、人事纠纷，公司并不是完美的，而是有很多问题。公司里的人怎么样呢？人本身就是不完美的，公司里的人当然也不例外。

根据马斯洛的需求层次理论，人都有安全需求。人的本性不会总保持理智，人是冲动的、非理性的。他们更倾向于选择自我保护，而不是对公司忠诚，也不会必然做出完全符合公司利益或使公司利益最大化的行为和选择。

公司在刚起步的阶段，面临的是巨大的生存压力，管理人员大多是能力型管理者，会有很多很机灵、很懂行、富于激情和活力，而且胸怀大志的专业人士。然而，当公司发展到一定程度时，特别是达到一定规模的时候，财力基础雄厚，即使不那么努力，也可以赚取一定的利润，如此一来，就会有很多不怎么用心工作的“有闲人士”。

过于执着的“变革心”

在集体环境中，并不是所有的激情都是积极正面的。很多聪明的管理者都希望被人视为改变旧观念的先锋者和革命家，这是他们工作的动力来源。这一策略成功与否，更多的是看你如何变革，而不是变革本身。

刘某是某区域商业银行个人产品部的新任负责人。刘某本人是从该银行的基层岗位一路升职的，做过柜员、大堂经理、客户经理等，深知其所在银行的产品和服务在当今激烈的市场竞争中并不具备优势，甚至在很多方面已经远远落后于其他对手，这导致直接面对市场和客户的营销人员经常很被动，时常要面对客户“货比三家”之后的离开，业务常常要靠“人情”才能拓展，产出效能比较低，员工的挫败感比较强，客户的服务体验一般，不少高净值客户已经逐步流失到其他金融同业。

因此，刘某上任伊始，就下定决心做好客户服务体验，在产品优化和功能升级方面进行创新突破，让基层同事们更有“尊严”地拓展业务，仅半年时间就对几个核心产品进行了大刀阔斧的升级和优化。

与此同时，该银行的企业文化相对比较保守，中高层管理者普遍年龄较大，缺乏奋斗精神和竞争意识，在工作方面得过且过。前中后台部门之间长期互相推诿扯皮，绩效考核大锅饭，谁也不肯多付出。可想而知，积极做事的刘某面临的是什么样的环境和氛围。而产品的优化和升级常常需要前中后台联动，业务部门只是提需求，最终产品的落地还需要科技、运营、合规、风险等相关部门的共同参与。在这个过程中，各种推诿扯皮自然不会少，刘某却凭借“初生牛犊不怕虎”的韧劲和积极性极力去推动。

当然，年轻的刘某会因为责任心和使命感太强，而把目标达成当作自己的核心任务，时常会借助高层的力量去推动项目开展，这给其他部门带来不小的压力，怨声不断。

半年下来，刘某的产品优化升级项目取得了明显的进展，产品效能得到提升。而与此同时，在竞选高管后备团队的时候，业绩突出、胜算最大的刘某却在众人的反对声中落选了。

刘某是一个优秀的管理者吗？为什么会落选呢？

如果从工作推进的效果来看，刘某的确是优秀的，工作能力也很强。但是从个人晋升的角度来看，他的策略却不一定正确。

首先，从其所在的企业来看，整体文化氛围是得过且过、没人愿意承担责任，刘某的行为方式同文化氛围有较大的偏差，在这样保守的组织中，工作节奏很重要，合适的工作方式是“徐徐图之”——稳健、缓慢，在组织能接受的范围内进行改变，而不是摧枯拉朽、一步到位。动作力度过大、过猛，势必引起别人的不适和反感。

其次，刘某会借助高层的力量去达成工作目标，这种工作方式要慎用。迫于高层的压力，别人可能会配合你一两次，但是从内心来说，没有人喜欢这种明显带有压迫感的工作方式，迫使别人配合，可能会埋下怨愤的种子，这颗种子会在更长的时间里给你带来麻烦和痛楚。看似走了捷径，但还是要付出代价的。

如果刘某的策略更聪明一些、更灵活一些，他可以在达成工作目标的同时，又能让自己与他人良好地配合，未来可以有更大的平台和力量实现他的价值理念，这样的策略是不是更好呢？

在职场的爬坡阶段，不要让自己承担过于沉重的责任。你要一步一步来，而不是一上来就去做很大的事情，去做跟你现阶段力量和步调不匹配的事情。

一个更恰当的个人认知和心理预期是，我们不要妄自菲薄，但也不要走到另一个极端，觉得自己无所不能，这两个端点，都是没有正确地看待自己，也无益于自己的成长。

“木秀于林，风必摧之”，当你和企业的整体文化格格不入的时候，你就可能遇上困境。虽然大部分公司愿意相信公司内的某些矛盾和冲突是无害的，但它们对存在的冲突和矛盾的容忍度却很低。

沟通对于一个组织运行是有必要的，因为组织不能失去上级对下级的掌控权。组织讲究的是系统的平衡和稳定，对于可能打破这种稳定和平衡的人和事便会排斥。

有效捷径是走远路

现实中，很多公司的文化都反对冲突。作为管理者，虽然都知道为了让企业保持适当的竞争力和创造力，应该接受合理的冲突，但事实上，“公司里的人”很多时候并不能真正接受。

在理论上完美的公司中，你的同事所做的一切都是对公司有利而无害的，他们都能够接受批评和意见，他们对自己和他人都要求严格，不过现实中的世界却并不都是如此。

在现实的职场中，如果对公司最有利的事，与对他们个人而言最有利的事相违背，员工可能不会去做。比如，员工上班时间全身心地投入工作，心怀无私地开展协作，是最符合公司利益的，但实际上所有人都能完全做到吗？不一定，而且员工也不是机器人。

由于自身天赋和资质的千差万别，每个人对工作的希冀和期待是不同的，并非人人都希望成为革新者和先锋者，也并非人人都想升职。人们对工作的希冀大体可以分为三类：

- 拿工作打发时间的；
- 把工作当成衣食之源的；
- 把工作视为事业的。

不同的需求和期许，让人们的行为方式呈现出很大的差异性。每个人都有自己的想法，都想以最小的付出获得最大的回报。

如果你对他们太过严格，让他们违背自己的本性，长远来看不会给你带来好处。命令他人可能出现的比较理想的结果是，他们完成了最初你希望他们做的工作，而你也给了他们一些利益作为回报；不过出现消极结果的可能性更大，你可能会失去在公司中的可靠伙伴，你可能会使自己孤立，你可能会被视为破坏分子或难以共事的家伙，这一点比工作延期或完成得没那么好更致命。

拥有一定的权力之后，人们往往会更关心比自己权力更大的人，而较少关注其他人的想法。

我们常常看到，在职场上有些权力大的人眼里，下属只是借以达成目标的人。同时，掌握权力的人需要关注的事情多，对下属的关注就会相对少，所以更容易草率地、按照刻板印象将权力较低的人进行归类，以及随意地发号施令。

你急切地想要在组织中掀起变革的浪潮，不断地将下属推向更高的目标和标准，要求也很严苛，结果如何？员工并没有感到自己的贡献得到重视，自身也没有感受到真正的关怀。而且，就算团队的绩效很好，通常也只是短暂的。然后，由于缺乏深厚而积极的人际互动和关怀文化，信任和善意慢慢地被侵蚀。情况变得越来越糟糕，有才华的人通常会离开，去他们感觉受人重视的地方工作，去他们能够全身心投入的地方工作。

作为一个管理者，你除了对达成组织的各项目标负有责任之外，还对组织的文化氛围建设负有责任。所以，你需要按照正确的方式做事，比如对员工的发展、福利和个人表现负有责任，也对企业的成功负有责任等。

改善人们行为的有效方式不是要求人们在态度上或者偏好上做出重大改变，而是潜移默化地助推他人向积极的方向前进。不需要追求戏剧化的大幅转变，而是在一开始非常保守，变化幅度很小，但随着时间的推移，变化范围不断扩大，变化幅度逐渐增强。随着变化的逐步递增，最终使人们的行为、观点，甚至组织规范都发生相应变化，直至这些行为、观点和组织规范成为新的现状。

从本质上说，改变是一件让人不舒服的事，管理者也常常因为带来改变饱受指责。好的管理不是暴风骤雨、电闪雷鸣，而是润物无声、潜移默化。如果想让同事完成好工作，建议不要去命令他们怎样做。先要接纳每个人对工作期许的差异性，用平常心看待，最大限度地释放你的善意和诚意，对能力不够的同事可以提供帮助，对他们进行指导和协助，能够让你同时完成自己的目标和公司的目标。

首先，真诚地向他人提供帮助，通常能让你的工作走上正轨。命令他人不是获得你想要的结果的最快捷方式，理解他人才是更有效的方式。其次，如果你向主要的被影响者展示了你乐于助人的一面，这样你就树立了良好的形象，这对你的晋升是很重要的。如果上司发现你在帮助自己的同事，那么他会更加重视你。帮助你的同事对你而言是一项双赢的策略。

身为一名领导者，你需要成为一个有说服力的沟通者。你要让人们去做事，而不是让他们生气。良好的沟通，需要你的措辞充满尊重和深思熟虑的意味。你要让自己像外交官一样老练自信，这样才能让他人毫不抗拒地为你做事。

敢于追求你的“自我利益”

我们有一种天然的信念：好的工作表现自然会为自己赢得回报，自己工作表现优秀的话，别人就一定会注意到，并会给予相应的肯定和奖励。然而，这是完美而理性的状态，在现实的公司中，一些时候的努力不一定会获得应有的肯定。

如果没有得到认可，主动为自己争取应得的利益就是理所当然的，不要等着荣誉会自动飞到你的头上，它也许永远不会出现。

有时候我们似乎总是习惯性地反感“争取利益”这个词，不光是反感别人做出的这种行为，如果自己与这个词有联系也会不舒服。人们总是着眼于手头工作而不是职业生涯的长远规划，如果站在职业生涯发展规划的角度来处理日常工作的话，你就会把每一个项目或者任务看作给未来铺路的砖石。

这并不能说你是个功利的人，只顾钻营，并不享受现在的工作。恰恰相反，这意味着你的眼光并没有停留在是否享受现在的工作上，而是着眼于未来更远的“自我利益”。

身处职场之中，你所做的一切都是在创造一个能发挥更大才能的环境，从而实现自己的人生价值。而你不断追求这些能实现自己价值的工作的过程，就是你不断获得自我利益的过程。这个过程将会贯穿你职业生涯的始终。

当然，每个人对自我利益的定义都是不同的。也许你认为属于自己的时间比工作和赚钱更重要；也许你觉得给大家留下一个好印象才是自己最在意的事；也许你希望工作能给你带来与众不同的人生经历，甚至让你有机会结识自己崇敬的人；又或者你只把工作当成自己的经济来源。无论是哪一种，只要你明白自己内心深处的愿望是什么，能够打动自己的自我利益到底是什么，然后你就可以通过工作来实现它。

在所有类型的组织中，无论大企业还是小公司，无论公共部门还是私营部门，你的任务就是认识到：在将要面对的工作调整中，如何才能更快速地成长。

第四章

误区四：人际沟通的受害者思维

部分人习惯于二元对立的思维模式，对身边的同事进行划分，与自己气场相投的就是“好人”“自己人”，与自己气场不相投的就是“坏人”“敌人”。

“人们为什么总是心口不一呢？”赵某失望地说。赵某是一家通信公司的中层经理。“如果我们在公司的时候，都能把精力全部放在工作上，就不会有那么多引起流言、多疑和陷害的问题了。”

“只要人人都献出一点爱，世界将变成美好的人间。”如果这样，职场就太完美了。可惜，现实并不总是如此。

我们不必站在道德的立场或是自认清高。其实，在职场中并不存在朋友或敌人，只是一群不完美的人在努力做好自己的工作。

归因错误，绕不开的一个陷阱

很多人将一件事归因于一个人的特质、个性或行为，而不是环境。别人做错了事就是人品、动机有问题，我们自己做错了事就是受制于客观环境，一个向内归因，一个向外归因。比如，同样是在路边乱扔垃圾，如果是我们自己，就会习惯性地为自己开脱：“路边没有垃圾桶，我有什么办法呢？”如果是别人，则会说：“这个人素质太低了吧，太没有公德了吧。”

这种想法会把我们变成无辜的受害者。可以说，此类想法基本上都是这个模式：对方是错误的，自己是正确的。总之，别人总是做出错误的举动，结果让我们成为无辜的受害者。

你提出受害者想法时，目的是要掩饰自己在问题中的责任。利用这种方式，你可以有效地避开自己的做法（或是不作为）造成的问题。

例如，上周领导解除了你对某个大项目的负责权，这让你感到很郁闷，四处抱怨自己受到的不公正待遇。当然，你隐瞒了这个重要项目工期拖延的事实，让领导深陷危机，这也正是他不再信任你的原因。关于这一点你可没对别人说起，只是因为领导让你觉得不爽。

在受害者想法中，我们会夸大自己的无辜。为了突出受害者想法，你忽略了对自己不利的事实，只描述那些高尚的动机：“工期拖延是因为我对质量精益求精，高标准严要求。”然后，你开始埋怨领导只会赏恶罚善：“他根本不懂得欣赏像我这样对细节一丝不苟的人才！”

“正义之心”将树立“假想敌”

日常生活中，我们往往将他人的不良行为归咎于其卑劣的品性：他们之所以会撒谎，是因为他们本身就是坏人。不幸的是，一旦我们接受了这一假设，一切就几乎成了定局——他们已经不可救药了。

在虚构这种想法时，我们会把理智而正常的人变成十恶不赦的坏蛋。我们把问题归咎于对方的不正当目的，然后“大义凛然”地告诉每一个人。

例如，我们会把高度关注质量问题的上司称为“控制狂”。当配偶抱怨我们说话不算数时，我们会说他们顽固不化。你和交好的同事吃顿饭是君子之交，别人这样做就是“互相勾结、图谋不轨”。

甲和乙是同一期进入某服饰公司的同事，两个人都很拼，并很快成长为公司的骨干，背景履历又相当，所以经常会被同事拿来比较，在很多资源的竞争上，两个人也是互不相让。久而久之，就把对方当成了自己的“假想敌”。

甲一讲起公司的人力资源管理，就很愤慨，认为乙任人唯亲，用的都是亲近自己的人，一些重要岗位推荐的都是自己小圈子的人。在甲看来，这些人都很平庸，只会阿谀奉承。

这些人的能力到底怎么样，甲懒得去了解，只要这些人是乙推荐的，她就不认同。

有一天，乙被外派去分公司任职。接替他的是甲，甲信誓旦旦地想要纠正乙之前的用人方式，以体现公平、公正。

然而，几个月下来，甲也成了被吐槽的对象。她推荐的是自己认同的人，是跟她亲近的人，这些人在别人看来也是阿谀奉承之人。

甲成了自己曾经讨厌的人。

“预设对方的立场让我们越来越狭隘，常常会蒙蔽我们的双眼，把我们的视野局限在一个狭小的范围，带着偏见，看不见更多的真相”。甲把乙当成了“假想敌”，所以在她看来，乙的工作必然是有问题的，乙推荐的人必然是有能力缺陷的。

反过来，因为自己怀着“正义之心”，我们的工作动机纯正，工作结果是经得起检视和推敲的，我们认同的人也必然是能力出众的。

然而，这是违背事实的。

为对方预设立场，我们会过度强调对方的错误之处。我们带着一颗“正义之心”，占据着道德的制高点，把任何正常的意见分歧看作双方激烈的矛盾。我们永远只盯着对方不正当的动机和差劲的能力表现，完全忽略他们身上任何善良中立的意图和突出的表现。

在虚构这种想法时，给对方贴标签是最常用的方法。给对方贴上某种标签，我们便心安理得地认为自己打交道的对象是个愚蠢的家伙，而不是具有复杂心理情感的正常人。

会议上我们的提案没有顺利通过，不愿意相信是提案水平不够，不去反思是自己的准备不充分、措施不具有可执行性，反而愤愤然地说：“都是那个人，非要提那个让所有人都关注的问题，他就是故意的。”

虚构这种想法不但能让我们堂而皇之地指责问题是对方造成的，而且能让我们有充分的理由对对方进行反击。如果承认他们是具有正常思维能力和心理感受能力的人，我们肯定要小心谨慎地应对。只要有了这种想法，我们就无法实现真正的目的，只能在错误的行为中挣扎了。道理很简单，我们会对自己说："对话失败是我的错吗？也不看看对方都是些什么人！"

其实，"受害者"和"假想敌"思想的本质是对事实极不公平的歪曲，出现这些想法表明我们在情绪失控时做出了双重标准的判断。当自己犯错时，我们会指责受害者的想法，表明自己的意图是单纯善良的。例如，"我是加班回家晚了，也没给你打电话，可我不能让公司失望啊！"与此相反，当对方伤害了我们或是给我们制造了麻烦时，我们会利用"假想敌"思想，虚构他们的不正当目的、夸大他们的错误表现。例如，"你怎么这么粗心！太不在乎我的感受了，你可以给我打个电话说一声晚回家嘛。"

我们为什么喜欢用这样的方式来看待别人呢？因为这样能让我们无负担地摆脱困境。通常情况下，当我们需要逃避责任的借口时，往往不再寻找问题的合理解释，而是采用这些小聪明式的想法。因为在这些问题中，我们也存在部分责任。但是，如果能把对方描述成错误的，把自己描述成正确的，那我们就能轻松摆脱困境。

1. 把受害者变成参与者

如果发现你在对话中把自己描述成无辜的受害者，你可以问自己：

- 我完全没有责任吗？
- 我是否故意忽略自己在这个问题中的责任？

这些问题可以帮助你面对事实，让你意识到也许自己也是问题出现的一部分原因，负有相应的责任。换句话说，你并不是事件的受害者，而是问题的参与者。当然，这么说并不表示你一定怀有不当的行为动机，或许你的错误只是一种无心之失。但不管怎么说，你多少还是有责任的。

人与人之间的交往是非常复杂的，从中你可能会受到伤害，会感到愤怒，会被曲解，而对方也一样，他们也会受伤，会愤怒，会被曲解。他们可能已经竭尽全力，而你则可能认为他们做得还不够好。对于双方的矛盾，可能是因为你做了件不恰当的事情，也可能是他们的某些言行导致了矛盾的产生。

人际交往之所以会产生这样那样的问题，很多时候是因为双方交流方式、行为、观念以及利益存在差异。

2. 把“假想敌”变成理智的人

如果发现自己在对话中把对方视为有不良动机的人，你应当问自己：

- 一个理智而正常的人为什么会这样做？
- 我看到的是不是事实的全部？
- 我有没有带着情绪和偏见？

这些问题可以帮助我们客观地看待对方。在寻找这些问题的各种答案时，我们的负面情绪会逐渐淡化，以同理心取代苛刻的负面评价。检视我们粗暴对待他人的方式，我们会肩负起该承担的个人责任。

例如，平日里总是逃避困难工作的同事，最近表示不忍心看到你一个人忙里忙外。昨天当你正在为一项突发的紧急任务苦恼时，她积极伸出援手帮助你完成了工作。这个举动让你认为她这样做是别有用心。

但是，如果你的同事是位理智的人呢？如果她的确毫无自私的目的，只是出于一片热心，想帮你一把呢？你对她的恶意猜测是不是太草率了呢？这样做岂不是有伤害人际关系的风险？如果你对她做出讥讽或拒绝，但事后发现自己冤枉了好人，该如何收场呢？

询问这样的问题，目的是改变我们自己的错误想法和情绪。这样做可以让我们从各种可能的角度去理解对方的行为原因，是一种有效的自我调节情绪的方式。

并不是要为对方的错误行为寻找借口。如果他们的确有错，我们可以正面找机会解决。试着把对方当作理智的人对待，他不是“上司”“竞争者”，只是一个想尽力把分内工作做到最好的人。

实际上，随着为人处世经验的不断积累和成熟，我们慢慢地会越来越不关注对方的行为目的，不再沉浸于寻找那些行为背后的不良动机，而是关注其行为到底会对我们造成什么样的影响。当我们学会更客观地考虑问题的时候，才能让我们彻底放松地投入对话。

当不再主观臆断时，我们便会从不健康的情绪困扰中得到解放。更重要的是，随着情绪得到控制，我们会返回到对话中来。

我们的结论往往体现自身利益

在公司里，由于所在部门、岗位角色的不同，每个人都有自己的立场和坚持，两个部门、两个人之间常常会有诉求的不同和冲突，如果人人都认为自己坚持的是“正义”，对方是“非正义”的，那常常是冲突不断、矛盾不断。这对公司的发展来讲，并不是一件好事，是不是两者之间的冲突真的无法调和呢？是不是两者之间的差异真的天壤之别呢？我们来看一个例子。

> 某银行的对公业务和零售业务两条线长期处于资源竞争的状态。零售业务部门认为对公业务部门消耗资源多、效能产出低；对公业务部门认为零售业务部门本位主义严重，不顾及企业的长远发展。长期的恶性竞争导致本来可以联动开发的客户资源处于未开发状态，经营效益大大降低。两条线的人员之间彼此感到很愤怒，怎么可能合作呢？
>
> 该银行的管理层看到这一点，聘请专业的咨询公司参与协调。和双方主要管理人员见面之后，咨询公司让双方分别在白板上写下自己希望实现的目的。在两个小时里，双方进行了激烈的讨论，然后写下了期望目的。随后，咨询顾问请他们交换目的进行讨论，看对方和自己有没有相同之处。
>
> 几分钟后，两组人结束讨论回到培训室，结果出现了令人吃惊的一幕。原来，双方所写的目的在很多方面都不谋而合。他们不但在一些观点上完全一致，对公司的期望

也几乎相同。基本上，双方都希望看到公司盈利，能提供稳定和令人满意的工作机会，生产高质量产品，对社会发挥积极影响。正是因为提供了一个公开交流的机会，消除了互相攻击的忧虑，双方不但说明了集体目的，而且道出了每个成员的目的。

两条业务线在看待对方时都不由自主地融入了利己主义思想，可他们自己却对此毫无意识。大家都下意识地将注意力集中在自己愿意注意的条件和因素上，忽视了那些自己不愿看到的事实。

很多时候，对同一件事大家的理解和看法是完全不同的。不同的人会用不同的方式来定义它。有些人认为自己看到的、感觉到的世界是最真实的，他们常常会把自己的信念、观点和判断当成客观的事实。我们相信自己看到的事实，每个人也都看得到，所以别人应该跟自己有一样的想法。如果别人有不同的想法，要么就是他们没有看到真正的事实，要么就是他们被自己的利益所蒙蔽。

当我们在谈论自己喜欢的电影、食物时，我们把自己的评价当成事实与他人分享。这样做不会给我们惹麻烦。可是，在职场涉及相关利益的对话中，情况就有可能不一样。

有效沟通的起点在于我看到的事实和他看到的事实。当我们承认自己对事物的看法具有局限性时，就能以一种相对温和的方式分享他人的意见。

有一个事实是我们大多数人都无法回避的，那就是，我们的结论往往带有个人利益色彩，即我们的结论体现的是自身利益。我们会寻求一切能够支持自身观点的信息，然后以此为根据对事情做出有利于自己的阐述。如此一来，我们自然也就更加确定自己的观点才是正确的。

人们承认自己的想法会受自己的背景影响，但是于我们自己而言，这种经验会加深个人洞察力，例如身为医生，可让你更深入地了解医疗行业的问题。不过，别人的背景则解释其为何会有那样的偏见及其背后所隐藏的动机，例如研发部门会认为，市场部门对拓展线上销售的立场之所以与己方不同，并非因为市场部门考虑公司的利益，而是因为市场部门自身的利益影响其思考，从而产生偏差。

“有问题的是对方”是一种借口

面对分歧，如果从宽容的角度出发，你可能会想，每个人都有自己的想法。然而，绝大多数人并不这样认为。有些人会执着地认为，有问题的是对方。

- 他们很自私。“我的女朋友不愿意有个固定工作，只想开个小花店，她说想要自己喜欢的生活方式。我告诉她，稳定的工作对我们很重要，可是她却毫不在乎。”
- 他们很天真。“说到要去国外学设计，我女儿就开始做她的艺术白日梦，并且相信自己一定能站在那儿的大舞台上。她根本就不知道为此她将要面对的是什么。”
- 他们总想控制一切。“我们做每一件事都必须遵循领导的要求。他总认为自己的想法是最好的，即使是他根本不知道自己在说什么的情况下也依然如此，我都快被他这种蛮不讲理的行为方式逼疯了。”

- 他们失去理智了。“晓玫奶奶家里有一个破旧不堪的沙发椅子，修补到已经无法再修补了，又难看又不舒服，无论说什么，她都不让扔掉。晓玫奶奶已经失去理智了。根本无法同她讲道理。”

如果这就是我们的想法，那么，我们与他人的谈话会以争辩结束也就不足为奇了。就拿最后一个例子来说，你很关心晓玫奶奶，而且也有能力去帮助她。所以，这时就会做一件常人大都会这么做的事情：如果对方很固执，我们就会采取一种更加强硬的方法，以一种更加执着的态度去打消他们之前的观点。买回来一个新沙发，然后告诉她：只要你试一试，你就会发现新沙发是多么的舒适！

如果对方很单纯，我们就会想尽办法来教育他们，告诉他们什么才是真实的生活；如果他们自私或控制欲极强，我们可能就会开门见山，直接向他们表明自己的观点。我们执着地相信，只要我们说出并坚持自己的观点，谈话的结果就会不一样。

可是，事与愿违，我们的坚持最终只换来一场争辩。争辩不会也不能解决任何问题，喋喋不休的争论对双方的关系更是有百害而无一利。谈话双方都觉得对方对自己的意见和观点充耳不闻，或是觉得自己受到了不公正的对待。事实上，我们感到失落不仅仅是因为对方不可理喻，更重要的是这样的结果会让我们产生一种挫败感。

不过，如果争辩于事无补，那我们又能做点什么呢？我们应该做的是先听听晓玫奶奶怎么说。

> 如果你说她的沙发实在是太旧太破，晓玫奶奶会第一个举双手赞同。“这张沙发是我和丈夫刚结婚的时候，省吃俭用置办的家当，我们经常在沙发上聊天、看书，它陪伴了我和丈夫整整40个年头，见证了我们家庭的点滴，从它那儿，我感受到的是一种说不出的温暖和安全感。”
>
> 晓玫奶奶说：“现在，我生活中发生改变的人或事已经太多了，所以，我宁愿留下一点旧东西让我可以从中回味过去，这多好啊！”
>
> 至于强烈要求她换沙发的你，晓玫奶奶是这样认为的：“你不是一个很好相处的人。你不会聆听或在意他人的想法，而当我告诉你不想换沙发的时候，你立刻就变得很不高兴，甚至有些生气。”你认为解决问题的关键在于改变晓玫奶奶的想法，而在晓玫奶奶看来，你似乎才是那个制造问题的人。

看到了吗？这个故事给我们提出了一个很有意思的问题：为什么有问题的那个人总是对方？为什么我们从来都不认为问题出在自己身上？如果你与他人意见不一，发生了冲突，你为什么不说“这可能是因为我说的话只是站在自己的立场上，忽视了对方的利益和需求”？

通常情况下，我们都不会注意到自己陈述事实的方式和其他人不一样。于是，同一件事情，我们讲述的故事的关键部分就与他人的故事发生了冲突，而这恰恰也正是引发矛盾冲突的重要原因。双方始终各执一词：公说公有理，婆说婆有理。我们想当然地认为问题出在对方身上，而对方则认为是我们制造了问题。

我们通常都会认为自己的观点与对方的观点无法共存，只能二者取其一，如果我们接受了对方的观点和想法，就意味着我们必须放弃自己的观点和想法。可是，看看这个例子，孰对孰错真的是那么绝对吗，真的就那么泾渭分明吗？有的人喜欢开着窗睡觉，而有的人则喜欢关着窗睡觉，面对这两种人，我们能说谁才是绝对正确的吗？

不要设定对方的意图

当有人无意或偶然伤害了我们，如果对方能说出一个合乎情理的理由，我们通常都会愿意理解和接受；如果有人有意想伤害我们，我们则很有可能会为此而恼怒或采取手段反击。尽管两种情况的结果一样，但是我们的反应却相差十万八千里。

事实上，意图是无形的，我们所认为的"意图"不过是对他人行为目的的一种想象。换言之，所谓的对方的意图不过是我们自己编造出来的故事。人的意图其实是一个复杂的综合体。有的时候，人的行为包含多重意图；而有的时候，人的某一行为却根本没有任何意图可言；还有的时候，人的行为意图原本是好的，可最终结果却伤害了别人。

我们总是想当然地认为自己很清楚对方的意图，可是事实却并非如此。更糟糕的是，当不确定对方的意图时，我们往往也会武断地将它们归为不良意图的范畴。当我们因为某人的行为而受到伤害时，我们做出的通常都是最坏情况的假设。

宋某的妈妈刚刚接受了一次髋关节手术。手术后，当宋某带着妈妈回医院进行第一次复诊时，她却被告知主刀的李医生突然延长了自己的假期，目前仍在休假中。获此消息，宋某气愤不已，她想象着李医生此时此刻正与他的家人徜徉于海边沙滩，却没考虑到病人的情况。

一周后，当宋某终于见到这位医生时，她随口问了问他假期过得如何。谁知，他竟回答棒极了。还没等宋某表示内心的不满，却听到李医生继续说道："也不算休假吧，我每年都会和几个医学界的朋友组织义诊，去一些偏远山区的村寨里，给村民看病。这次是遇到泥石流了，耽误了时间。"

在了解了李医生休假的真实情况之后，虽然宋某之前带妈妈复诊遇到医生请假的情况并不会因此改写，但是，当她知道李医生的失约是有原因时，原本因为多等了一个星期而不满的宋某释怀了，还因为自己之前的想法而心怀愧疚。

在现实生活当中，人们往往会觉得自己的意图，从某种程度上来说，都是正当的。一方面，我们总是以一种严厉的态度将过失归咎于他人的意图；而另一方面，在对待自己的时候，我们却会选择另一种衡量尺度和处理方法。当一位同事当着全部门同事的面指责你时，你可能会觉得他是有意想打击你；而在同一个会议中，如果换作你向他人提意见，那么，你会认为自己这是在帮助对方。

当我们扮演行动者的角色时，我们很清楚其实很多时候并不想去烦扰、侵犯或是怠慢对方，根本没有意识到自己的行为其实已经给他人造成了消极的影响。然而，反过来，当我们扮演接受者的角色时，我们就会在不知不觉中对他人做出坏的假设和评判。

我们有时候会从“他们意图不良”的想法很自然地联想到“他们不是好人”。这样的判断会让我们带上浓烈的感情色彩，不自觉地戴上这副“有色眼镜”评判对方的行为，而危机也就随之产生了。

不良意图是否存在呢？当然，有时候我们的确会因为某人的故意而受到伤害。我们会遇到各种各样的人，其中不乏一些令人讨厌的，或是丝毫不顾及他人，故意让我们难堪的人，又或是以不当手段窃取我们成果的人。只不过，这样的情况毕竟要比我们想象的少很多。

放弃“非此即彼”的二元化思维

“非此即彼”的二元化思维方式认为，一个人不是好人就一定是坏人。这种没有中间选项的思维方式否认了现实生活的复杂性，很容易让你总往坏的一面想。这其实是一种不成熟的思维方式，试着回想一下自己的青少年时期，或者看看周围的青春期少男少女，他们往往会用这种“非黑即白”的方式来评价这个世界。

这种思维方式缺少包容力，体现在自己身上，就是苛责自己。如果你也有这种倾向，请一定时刻提醒自己，这个世界上没有完美的人、事、物。我们每一个人都是亟待升级的产品，而且这种升级会贯穿我们一生。当你接受了这一点，你才会以宽容的心态面对改变。对于长远的、积极的进步来说，这也是最正确的心态。

“非此即彼”的思维方式也会在我们苛责别人时“煽风点火”，就像我们过度苛责自己时一样。你的团队中要么是欣赏你并且总能出色完成任务的好下属，要么就是一些根本不称职的员工。如果你的脑海中有了类似的想法，你就要警惕，因为这很可能会让你走上轻信或不信任他人的岔路。

为什么这么说呢？因为当你用没有中间选项的标准来评价他人的时候，就说明你的判断力是存在不足的，你的经验和眼界都太局限了。经验的缺失会影响我们的包容性和客观度。

建立“灰度思维”

“非此即彼”的思维方式，就是从一个极端到另一个极端地看待事物，而不是在两个极端之间。这在工作场所并不罕见。那么，为什么我们要使用这种思维方式呢？原因有很多。

首先，这种思维方式更容易。如果我们将过去的人、情况、问题、解决方案归类，这种思维方式可能是最好的方式。

其次，从我们过去的经验中提取答案，这种思维方式的工作效率更高。研究新的选择方案、权衡利弊，这需要额外的时间。

而在当今忙碌的节奏中，我们需要快速地将问题扫出我们的办公桌，以及我们的大脑。

要防止“非此即彼”的思维模式扰乱我们的正常判断，就要时刻提醒自己不要落入它的圈套。

• 当你发现自己使用“强”“弱”等词语评判他人时，你要仔细审视其情况，并询问自己原因。你的判断是真实的吗？你怎么知道是真实的？如果别人不停地给你贴上这样或那样的标签，你的感受如何？标签并不能表现你全部的自己，是不是？我们所有人都会在不同情况下被贴上这些标签——强、弱、能力不足。请记住，就像这些标签不能准确、完整地形容你一样，它们也不能准确、完整地形容其他任何人。

• 如果某些人的选择与你有分歧，你要检查一下自己的判断过程，并且问自己：什么因素促使他做出这样的选择？你要避免其他解决方式劣于自己的方案这种想法，避免“对与错”的思维方式，要用真诚、开放的心态去探究原因。

一个成熟的管理者会尽力避免“非此即彼”的想法。大多数问题，无论最初看上去是多么呆板和复杂，通常蕴含着许多对问题和局势进行转圜和进行重新调整的机会。

一个人越成熟，越会发现：现实中的事物往往不是非黑即白、非对即错，现实中的人也并非非善即恶、非敌即友。如果我们单纯地用“对”和“错”来判断事情，总会失之偏颇。善于把握黑白之间的“灰度”，是思维的一项重要艺术。

“灰度思维”之所以是成熟人的必备思维，是因为它能巧妙地融合事物的对立面，形成有机的整体。如果不懂得“灰度思维”，那我们就无法更好地用人以及理解人。

第五章

误区五：路径依赖的惯性思维

什么是习惯？心理学家将习惯定义为一种自动化行为。这意味着对于习惯养成的行为，我们不会去主动加以思考——这些行为会在给定提示的情况下，自然无衔接地反映出来，几乎不需要任何下意识的努力；即便有，通常我们也意识不到。习惯让我们更高效，为我们节省了宝贵的精神能量，也让我们有时间专注于其他事情——比如思考人生的意义或者幻想我们下一次海滩度假的机会。

人们职业生活的各个方面都有可能会受到这些自动性、习惯性行为模式的影响。当说到习惯时，人们最容易想到的通常是显而易见的习惯，比如每天早上的例行事项。其实我们工作中的很多行为，也是惯性的。你如何开始你一天的工作、如何开会、如何打电话、如何与同事互动，在某种程度上都是由习惯所驱动的——有些是积极的，有些是消极的。

没有人想成为一个糟糕的领导者

有些习惯是无意中养成的，有些是刻意实践形成的。我们每个人都期待成为一个优秀的管理者：睿智亲和，目标明确，有效激励团队……但却很容易在不知不觉中养成坏习惯，这些坏习惯让我们成了“另外一个人”。

欧某是公司颇有前途的员工，他确信自己具备成为执行总裁所需的大多数技能。他在管理岗位上干了几年，成绩显著，对公司的企业文化和所有人员都了如指掌。在他看来，晋升到最高管理层是理所当然的事。

但实际情况并非那么简单。有个坏习惯拖了欧某的后腿，他并没有意识到这一点。

在他的同事和他手下的员工看来，欧某非常专横。当人们向他提出有关项目、计划和任务的问题时，欧某总是对这些担忧轻描淡写或不屑一顾。无论是一对一的谈话还是在会议上，欧某对别人的异议似乎都不在乎。他希望每个人都相信他的判断，照他说的做，因为他是项目主管。

结果，当欧某下达命令时，他的同事、下属开始变得有想法。大多数时候，他们会遵从他的要求，但他们并没有充分参与，因为他们觉得这是欧某的想法、是欧某要求做的事情，与他们个人并没有利害关系。

他无视或漠视他人问题的习惯已根深蒂固，欧某的专横行为让他无法有效地影响他人，也影响了工作的正常开展，团队处于高压的氛围中。如果不改掉这个坏习惯，欧某就永远不会成为一个有效的领导者。

如果想要成为一名高管，就必须做出重大改变。

如果认真关注欧某，你会注意到，他并未有意识地选择做一个专断的人。他并没有下意识地想要去控制谁、去打击谁或去训斥谁。欧某养成了这样的行为习惯，自己却从未意识到。一旦坏的习惯养成，他对日常事件就会不加思考地消极反应和处理。自动化行为取代了他正常的应对。

事实上，在我们的职场生活中，并未遇到有意识地选择做一个糟糕领导者的人。领导者表现不好时，通常也可能是出于其坏习惯的惯性表现而已，人们无意识地陷入坏习惯且丝毫意识不到。

如果你想顺利获得晋升和成长，或者想为你的公司作出正确的战略决策，你就需要有正确的习惯。

固守惯性让我们走向失败

当你在企业的职位越来越高时，一些坏习惯产生的问题反而暴露得更明显。你其实并不缺少本领，你很聪明，能够做到用战略性的思维处理问题。多年的职业生涯使你经验丰富，也建立起了一定的人脉；而且你对自己的价值一清二楚，可能你还是一个非常善于沟通的人，并且高度自律、目标明确。

当你得到一个新的岗位时，如果还坚持认为持续之前工作中的方式、方法可以保证新岗位上的成功，甚至取得更大的成绩，这显然是错误的。人们理所当然地认为，“我就是因为之前的方法和方式才取得了优秀的成绩，才得到了目前的新岗位，要延续之前的那种成功就要延续之前的表现”。这样的想法是破坏性的。你会陷入一种拒绝承认现实的状态之中，困在一种固化的思维状态里，直到周围的墙体全部坍塌。

在一家顶尖的房地产公司做市场营销工作8年之后，黎某获得了晋升，并将负责一个重要的新产品开发项目。

她的才华、专注和决心让她备受认可，也使得她很快获得提拔，担任越来越重要的职务。公司认为她潜力巨大，并把她作为重要领导职位的候选人，她已经走上了职业发展的快车道。

黎某被任命为公司最热门的新产品之一的产品投放经理。她要负责协调一个由跨部门员工组成的团队的工作，这个团队的人员来自市场、销售、宣传和制造等多个部门。他们的目标是要将这个新项目从规划到生产无缝转换，精准定位目标客群，监督产品的质量把控，并简化市场引入的流程。

但是，黎某马上就遇上了麻烦。她是一个强势又审慎的管理者，有很强的控制欲，之前在市场营销领域的业绩归功于她对细节的极度关注。由于已经习惯了权威式管理和发号施令，当她继续以这种风格进行管理决策时，团队成员们最初并没有表达什么意见。但是很快，两名重要成员就挑战了她的权威，这让她感到很苦恼。她专注于自己最熟悉的领域——产品发布的市场营销环节。她对营销团队成员事无巨细的管理方式让他们很反感，团队内部怨声载道，拖慢了项目的进度。

仅仅不到两个月，黎某就又回到了市场营销部门，而由其他人来接手这个团队。

黎某之所以会失败，是因为她没有能够从一个强有力的部门执行者转变为一个跨部门的项目领导者。她没能领会到，之前那些让她在营销部门取得成功的能力也可能成为这个新角色里的障碍，因为这个角色要求她在没有直接权威的情况下发挥领导作用。她只是延续了自己一直以来熟悉的办事方式，自我感觉一切尽在掌握之中。当然，结果与她的预期相反。她没能放弃过去并完全地投身于新角色之中，也因此浪费了一个在组织中上升的好机会。

那么黎某当初应该怎么做呢？她首先应该做的就是放手过去、拥抱新形势，要充分理解即将面临的角色转变的类型。每次晋升，我们的视野都会扩展，以容纳一个更宽维度的事务和决策，所以要在新岗位上取得并保持一个高层次的视角。

为了获得成功，黎某必须将她对于营销部门的关注转移到与新项目发布相关的全面事务上。这样多任务兼顾的工作颇具挑战性。

当你的职位晋升后，你所面对的问题更为复杂，也更加模糊，你之前仅仅基于数据和分析来判定“正确”答案的能力也相应减弱。

过于依赖之前让你成功的东西可能会对你的新工作造成负面影响。人们总是很容易就后退到那些习惯里面，这让你感到舒适，但同时又非常危险。

惯性让我们过度自信

在每个人的内心深处，多少都隐藏一些不易察觉的弱点，这些内在的弱点常常会外化成一些习惯，驱使一个人做出危及自己的行为。如果我们对自己的缺点浑然不觉或者不知反省，结果就会把自己一步一步推向失败的境地。

在职场中，很多人，包括很多中层管理者缺乏自我反省意识，看不到自己的不足和短板，甚至是在向上司直接反馈的时候，仍然意识不到自己的问题，心里有强烈的落差和不平，第一反应是辩解，为自己找各种客观理由，不认为自己需要承担什么责任，也不认为自己需要改变什么。

这些人明明都很有天分和智慧，到了一定职级之后就由着惯性“自动驾驶”，停留于自我感觉良好的幻觉里，没有恰当的自我认知。

这种认知偏差现象叫作“邓宁－克鲁格效应”，指的是非理性的人在自己“欠考虑的决定”的基础上得出错误的结论，无法认识到自己的不足，也无法辨别错误行为。这些能力欠缺者，沉浸在自我营造的虚幻优势之中，常常高估自己的能力水平，却又无法客观评价他人的能力。

很多人在事业发展的早期是很有能力的，但随着职位的提升，持续学习和自我提升的意识降低了，逐步自我满足，随着惯性运转，故步自封。在面对职场角色的转变时，他们还在“用旧瓶装新酒”，从而使自己困在原地。

出于种种原因，身处领导地位时，人们很容易会产生“自己很特别”的错误感觉。领导者的人数相对较少，这让他们觉得自己很特别，因为领导不是想当就能当的。

他们失去了“保持开放学习状态”的能力，认为自己不需要继续提升能力、继续成长。他们认为自己已经成功了，把自己当成工作中的焦点。当这种想法不断被强化时，他们需要自律和克制，才能保持清醒的自我意识。

怎么知道自己是否遭遇瓶颈了呢？停滞不前的表现多种多样，尽管如此，它们还是有着内在的联系，你可以对照检视一下自己的情况，比如：

- 你觉得有东西在阻止自己前进了。
- 你觉得很难让自己从令人情绪低落的事件中走出来。
- 你觉得自己的工作成果不再受到肯定和欣赏。
- 你觉得你周围的人对你的评价同自己的预期差异较大。

只要你真的想不断成长，有时候更高效的做法是主动去请教身边的领导和同事，听听别人对你的工作的反馈。打开内心的樊篱，你会听到很多有价值的信息和反馈。

如果你想要走出瓶颈期，并且摆脱这些不会再对你有帮助的工作习惯，你首先要做到的就是意识到它们的存在。你得先把它们从潜意识里拉出来，暴露到意识层面，这样你才能尝试用其他习惯来代替它们。

这个过程可能会让我们有点难受。但是，我们必须得承认，这一切都是值得的。一旦迈出第一步，你就会觉得自己的能量和自信得到了释放，而这种能量会促使你继续努力、持续进步。

积极寻求更多反馈是提高一个人认知能力和办事能力的重要手段。尽管知道反馈带来的种种好处，但是有太多管理者选择不去获得反馈，这是为什么呢？你是否也在其中？

1. 职位越高，保持开放学习的状态就越不易

你的职位越高，越容易认为自己已经学会所有需要的东西。其实，懂得越多的人，越知道自己知之甚少。作为领导，不仅要公开听取反馈意见，还必须要寻求定期反馈。

2. 自尊心阻止自己得到反馈

一些人在成为领导后，他们会自觉或不自觉地感到自己比下属更优秀或更聪明。没有什么比优越感更能损害人际关系的。或许你认为从下属或同级那里得到反馈会让自己看起来很无能和软弱，会损坏你的个人形象。你担心会暴露自己的问题；或者你认为，如果你寻求他人的建议，会削弱你的工作效率。

3. 获得真实的反馈较为困难

有的上司认为，在员工眼中，自己是一个高效率、有能力且人性化的老板。然而，只有一小部分员工对此表示认同。事实上，当我们看到这一结果时，大部分人并不会觉得很吃惊。

直言不讳的成本就是不可避免地冒犯某些人。在职场，要做到坦诚有一定的难度。一切组织都存在某种等级形式，这也就意味着对个人表现的评价来自他人的感受，于是让人说出真话就更难了。任何一个组织不管多么努力尝试做到结构扁平化，都要面临这个挑战。

习惯并不代表天性

各种各样的习惯不仅会让你逐渐适应、难以改变，开启“自动驾驶模式”，甚至会让你觉得它们就是你身体的一部分，而你生来如此。

这就从心理学角度解释了为什么要做出某种改变时，你会觉得恐惧，因为你必须要突破层层困难，打破所有印象中认为理所当然的事。这是一种需要花费很长时间才能完成的训练，而且很有可能会让一个人崩溃。

当你发现可以克服困难，改变某些习惯的时候，你会明白你并非天性如此，它们并不代表你的“本来面目”。这些习惯暴露了你成长过程中积累下来的问题，最后逐渐变成了你行为中的“默认模式”。

很多习惯的开始自有其原因，也许你是要找一种方式来化解压力；也许你只是随大溜，或者不得不与周围人保持一致；也许你只是对一些势不可当的状况表示漠视。

但问题是，很多习惯会持续保留下去，即使那些一开始让你养成某种习惯的环境、条件已经不存在了。这也是为什么，不管你花费多久去回忆某个习惯是如何开始的，都可能是白费力气。你已经习惯性地重复这些行为太长时间了，所以它们已经变成了你下意识的反应，就像条件反射一样。

换句话说，你的习惯并不代表你的天性，它们只是在你“自动驾驶仪”的操控下做出的行为。当你受到“自动驾驶仪”的操控时，你甚至都不会思考当下是一种怎样的状况，这一刻发生了什么，你在面临何种挑战，你应该如何应对……你只会做出某种下意识的反应，而这些反应就是你一直以来早已适应的习惯。因为大脑总是懒，不愿耗费太多精力，而这样做，你的大脑就省劲多了。很多时候，你根本意识不到自己都做了什么，所以你当然也不会察觉到很多习惯是否有问题。

我们每个人都有一套自己的行为方式，我们将其定义为“自己的风格”。无论这套行为方式好还是不好，我们会觉得那是特定的行为方式，是我们难以改变的风格。

打个比方，如果我们总是忘记回电话，无论是因为缺乏礼貌，还是我们相信如果对方真的有要紧事，他们会再次打过来，我们就总是会给自己找一个借口：“嗨，这就是我的风格。没办法。”要想改变这一点，首先你必须学会直面问题。

如果你是一位积习难改的拖拉者，总是耽误别人的时间，破坏别人的日程表，你会解释说那就是你的风格，很难改变。如果你总是直接表达自己的观点，丝毫不考虑到自己的做法会给别人带来怎样的伤害，你会觉得你的风格就是如此，很难改变。

过了一段时间之后，你会很容易地把自己的坏习惯固定化，认为这只是你的个性特点，是你的个人风格。所以当你强调自己“就是这样的人”的时候，你应该对自己的动机产生怀疑。固守某些坏习惯，其实就是在阻碍自己，尤其是你想在职场上更进一步的时候。

我们为什么抗拒改变

你可能已经意识到，为了前进你必须做出改变，但在实践中你或许会疑惑：为什么改变对自己来说如此困难？因为我们的身体会对改变做出本能的抗拒。每当新的一年开始的时候，身边的人，包括我们自己，做了很多计划：坚持健身、好好读书、学会一项新的技能……然而，到头来，真正能够做到的有多少人呢？大多数人坚持不到两周就把计划抛到一边，热情很快冷却，继续原来的样子。到了下一年开始的时候，又要立新的目标……周而复始，始终没能走出这个循环的怪圈。

没错，对改变的抗拒不仅会把你带离你本想过的美好生活，还会让你对工作、家庭、友谊、健康等问题失去思考和质疑的能力。所以你必须意识到，要真正改变就必须解决身体里的那股对抗力——强大的惯性和惰性。

首先你要明白，即使你知道正在做出对自己好的改变，但身体里仍有两个要素在发挥功效，它们是让你抗拒改变的始作俑者。

第一，你的神经系统是由你之前的想法和行为逐步强化的。当你一直重复某个行为时，你的神经系统就会记住它，并且让它变成你“脑回路”的一部分。所以每当面对同样的情况时，你就会完全下意识地用这种固定模式去思考并做出行动。

这种被强化的思维模式会在你改变自己的过程中带来不愉快的体验，因为你的大脑会做出反抗，并且立刻发出信号来暗示你：“某某又在朋友圈发美食了，你确定自己不吃点消夜吗？”“面前正在交谈的这个人所说的话太无聊了，你不觉得自己现在像个受害者吗？”

在你需要处理很多工作或完成某项任务的同时，还要做到无视大脑释放的这些信号，这很困难，因为需要你有很强的定力。所以很多时候你都会向这些信号妥协：“嗯，我就吃半个甜甜圈吧。”但你不知道，这么做的结果就是又强化了你的固定思维模式，让你更难打破你想改掉的习惯。

放大困难，为自己无法改变坏习惯找理由，或者拖延，这都是在你身体里发挥作用的第二点要素。今天你一下班就海吃海喝，接着又躺在沙发上看了综艺节目，你会跟自己说：“今天工作好累呀，犒劳一下自己，干脆明天开始健身吧。”当你在听别人说话时又一次忍不住打断了对方，你会安慰自己：“这个人好无聊呀，啰唆了半天，没讲出什么内容，我说的话才有价值。”当你又一次选择逃避问题时，你会抱怨为何世界对你如此残酷，让你承受这么多。

很多人擅长为自己拒绝改变某个工作习惯找理由，这些习惯过去实在是太有效了，以至于舍不得丢弃。毕竟这些年来，他们因为这些工作习惯而收获升职加薪以及其他好成绩。那就不应该改掉它们，而应该继续贯彻下去才对。如果你也这样想，那就中招了。

支撑那些习惯的，是背后的理念。比如你认为一个优秀的管理者必须要“气场强大”，所以你会让自己在各种场合把控谈话的主导权，打断别人的发言，等等。只有你意识到了这个问题，你才可能真正做出改变。

这些理念为你的行为打造了框架，让你对自己的所作所为“理直气壮”，并且还让你坚信自己并不需要做出改变。这些理念让你收获颇丰，但当你面向人生新的里程，面对新的挑战，事情就变得不一样了。正是这些理念的存在，才让你对改变心生抗拒。

习惯性的反应在正常情况下非常有用。但在困难的局面下，无意识的习惯可能会很危险。面对运营、人际关系或个人问题时，你需要关掉“自动驾驶仪”，意识清醒地手动“驾驶”。你需要明白自己过去的选择如何导致了问题的出现，并承担责任。你更需要充分把握你在当前所具有的反应能力与自主权。

如果你接电话是因为电话响了，那么拥有控制权的就是电话。如果你接电话是因为你选择接电话，那么拥有控制权的则是你自己。

第六章

误区六：真实自己的任性思维

人应当追求诚信、真实。不过，有些时候在职场上太真实却有可能暴露自己的弱点。在职场遇到困境时，不去自我反省，反而一往无前地坚持“真实的自己”，看起来很有个性，其实是一种不成熟的表现。

当别人定义你的个人领导力时，你希望得到尽可能真实的反馈。但是请注意不要像下面这位朋友一样落入“真实的自己”的陷阱。

唐某是一家跨国公司的高管。坦率地说，他在公司里的名声不够好。当进行年度360度领导力测评时，他的同事对他最常用的评价就是“难以相处”。显然，和唐某合作不会是愉悦的体验，这意味着，他在个人口碑和影响力上陷入了困境。

对大多数领导者来说，“难以相处”会在短期内对他们的职业生涯造成巨大破坏。对唐某来说，他的未来职业发展机遇已经大大受限，除非他学会更加有效地与他人合作的方法。

然而，当人力资源部同事与唐某讨论这个问题时，他明确表示，只愿对自己的行为做出很少的一些改变。他说：“我确实需要做出一些改变，但如果全部改变，那么我就不再是我了。”他坚持说，如果他全盘接受改变建议，就不再是“真实的自己”。

这不是我们遇到的第一个以“真实的自己”为借口，来回应自己存在的粗鲁对待他人、缺乏组织和时间管理等问题的领导者了。

什么是“真实的自己”

希望自己留给他人的印象是“真诚可信”的，这大概是人类基本的需求。但问题是：什么是真实的自己？确切含义是什么呢？我们每时每刻、在任何环境中都能保持同一个自我吗？我们到底可以有多少个自我呢？我们想表现哪一个自我呢？

在回答这些问题之前，我们先简单讨论这个更加宽泛的问题：什么是自我？

每个人都有多面性，都有很多个“自己”，每个人在不同的事情面前都会展现出不同的自己。就像人们在出席不同的场合时，会佩戴不同的帽子：帽子会变，不变的是你一直戴着帽子的形象，所以这一点是真实的。但是当你要转变到你不熟悉的角色时，哪一个自己才是真实的呢？大多数人习惯于尝试不同的帽子，当一顶你最喜欢的、戴起来最舒服的帽子变旧了，你需要戴上另一顶风格和颜色都与之前不一样的帽子时，是一件非常困难的事。

跟一位朋友聊起来“做自己”的话题，朋友告诉我：“在公司的同事面前，我是一个诙谐幽默，喜欢参加聚会，喜欢争辩的人；在客户面前，我是一个严格谨慎，会精心做出计划的人。哪一个是我？哪一个不是我？哪一个都是我。”

我们对自我的看法会因不同场景中角色的变化而变化。比如，在为人父母、为人夫、为人妻、为人师的时候，我们对自我的看法都是不同的。

请想想，20年前你最喜爱的电影是哪一部，而如今又是哪一部；20年前你的偶像是谁，而如今你的偶像又是谁；20年前你最重要的朋友是谁，而时至今日，你最重要的朋友又变成了谁。请花一分钟时间来回答这些问题。

答案的差异性一定会让你大吃一惊的。

除了“过去的你”“现在的你”，还有一个“未来的你”。人们对自己的身份意识不仅仅基于过去和现在的自己，还同样基于对未来自己的展望。潜在的自己对于目前的你来说是非常重要的，因为那个潜在的自己会引导现在的你的行为，从而使你渐渐地朝着理想的自己而努力。

我们本身存在一些缺点，我们自己以及了解我们的人并不喜欢，有些特性甚至被认为具有破坏性。很多人都在努力纠正这些缺点，比如无端的恐惧、一触即发的暴脾气。

这些都是真实存在的，并且令人痛苦不堪。但是这些困难是我们真实自我的重要组成部分：它们给我们带来痛苦，却是我们自身不可否认的一部分。

如果自我是多面的、动态的，那我们能拥有一个静态的真实的自我吗？

忠诚于自己的价值观和目标

真实性的另一个常见的定义是“忠诚于自己的价值观和目

标”。当管理者们所追求的目标和自己的价值观相符时，他们会感觉自己非常真实。这种定义给了你更多的自由空间，在不同的情况下采用不同的表现方式，以这种方式定义真实性的人，在心里不会觉得使用一些和以往不同的策略有什么不妥。他们不会把自己看成骗子，反而会觉得自己适应能力强，灵活度高，富有弹性。

当核心价值与工作要求相抵触的时候，我们一定会感到不满足。当我们跟自己的道德标准必须妥协或是我们的个性遭到质疑时，我们就会感到痛苦。

在工作中，“做自己”“忠实于自己的价值观”并不容易。在这个阶段，可能困扰你的事情还有很多。你发现自己在工作中的决策违背了自己的生活原则。随着每一次小小的妥协，你感觉工作中的自我和“真实”的自我变得越来越不连贯。你正在成为一个令你厌恶的人。

人们的价值观在不同的年龄、不同的阶段也是在变化着的，20 岁初入职场的想法和 40 岁职场中坚阶段的想法也是天壤之别，所以到底哪个是自己呢？哪个不是呢？该忠诚于怎样的价值观呢？

人的能力不是固定不变的，是可能通过努力来养成的，人的潜力是未知的，你对世界的看法在不同阶段也是不一样的，你能成为什么样的人也是无法预知的。

自我反映了环境的变化，并受环境变化的影响。不同的角色和身份，对我们自身的期许和要求也是不同的，这种变化并不意味着我们的核心价值观也随之变化。但有时候需要经历这样一个过程，即通过选择自己想要体现的核心价值观和特质，让真实的自我适应所处的环境，或者适应自己所担当的角色。

关于“真实的自己”的几个误区

秉持“真实的自己”的理念，很容易让我们陷入几个常见的误区。

误区一：过度坦诚

过于开诚布公、直言不讳，会导致人们在职场中过于情感化，从而削弱他们的领导力。很多人会犯这个错误，主要源于两个误解：第一，觉得开诚布公是建立友好关系的前提，并且在交换私密信息的过程中，你可以迅速地找到人们之间的共同点；第二，他们一直认为，开诚布公会让自己看起来更真实。

很多人都认为建立亲密关系的前提是分享彼此的秘密，所以第一个误解也就不足为奇了。他们不仅会分享自己的希望与梦想，还会深度剖析自己的错误和问题，尤其是那些不堪回首的情感经历。他们认为，互相暴露弱点代表着对对方的信任，这会让两个人的关系变得亲密无间。

职场中的信任更多是为高效工作服务的，而不是为了私下里的情感。一些话也许是事实，但你不能说出来。“我觉得我是个很没安全感的人”“有时我觉得自己不配做现在的工作”“我觉得自己太情绪化了”……如果你经常暴露出自己的真实感受，尤其是弱点，可能会使你的可信度大大降低，继而让下属们觉得你不足以得到他们的支持，经常暴露自己的弱点是一个不专业和不妥当行为。

让我们再来说说第二个误解吧，那就是过分坦诚地说出自己的问题和弱点，会让自己看起来是个真实的人——很多人对此深信不疑。做一个真实的人，这似乎是近些年的流行话题，有越来越多的言论鼓励职场人士“做自己”。解放自己，活得真实，这的确会让一个人变得更富创造性，还能和同事建立更深的联结，也可能让你对工作更有激情。

不过，坦诚也有限度。无限度的坦诚是很危险的，因为在追求真实的路上，你很有可能把自己的职业素养忘得一干二净。

“真实的自己”并不意味着你需要举着灯，把自己的内心照得透亮，让人们一眼就能看穿你。你没有必要把心里所想的每一个想法和感受都和别人说。

高某是一位工作能力很强的新闻记者，他对主管唐某很不满。唐某是社交达人，特别精于向上管理，面对上司八面玲珑，却不太关心下属，对于他和他的同事们在采集新闻的外勤工作中想要的支持，唐某却没有提供。

有一次部门搞聚餐，唐某得意地问大家：“嗨，伙计们！我是个不错的主管吧？”还没等大家开口，高某答道：“如果你真正能关心大家，而不是只做个对上司阿谀奉承的人，那就是一个好主管了。”

顿时，空气被冻住了。

高某并不想失去这份工作，他只是想让自己的真实情感表露出来。

发泄一下情绪，表达自己真正的内心感受，这可能让你感觉良好。然而，如果对象和场合不适当，你的良好感觉会转瞬即逝，当你的行为所造成的后果出现时，这种感觉也就结束了。

不言而喻，工作场所是一个具有竞争氛围的场所，人们行事往往会出于利于自己的各种复杂的动机。建议不要把你的一切全部摊在桌面上，这样才比较明智、合适而且富有策略。

过度坦诚，可能会让自己陷入无尽的懊悔的深渊。

误区二：情绪化

管理者情绪的稳定性或者说自我情绪管理能力，对团队的影响是直接性的。一个情绪不稳定的人往往会因为内心的阴晴不定，出现随意领导行为，例如：高兴的时候就宽松管理，很多事情轻拿轻放；不高兴的时候就开始控制，对很多事情选择干预和挑剔。这种情绪化的随意管理行为，不但会削弱自己的权威，而且会影响团队士气。大家会有意无意地花很多时间研究和满足领导的情绪需求，而不是去做事情，导致组织行为效率降低、成本提高。

你的下属向你汇报工作的时候越来越小心翼翼，交谈时会一直暗自注意自己的语气和措辞，无论你指责什么，对方都立即道歉，但并不真心认为是自己的错，只是不想引起更多争执——如果是这样，那你就要认真反思了！

管理者要有胸怀和格局，能够容得下事情、耐得住性子，控制好自己的怒火，客观积极地看待事物，有助于事情的解决和团队的成长。在一个相对宽容的空间里，人们的状态是舒展的，不用时刻战战兢兢，团队的智慧和力量才会流动起来。

发脾气意味着你在困难面前的焦虑与无力。一个真正有力量的人，是可以平静面对困难的，越平静越容易找到有效的解决方案。怒火往往会扰乱我们的理智。

很多人看不清自己的问题，还把这种情绪化当成“真性情”。

除了不对下属乱发脾气，同时，当一个管理者被他的领导乱发脾气的时候，一定要内心强大、处变不惊。职场人应该是成熟、理性和善于自我管理的。

学会为自己的情绪负责，才是一个成熟的职场人应有的职业素养。弱者遇到困难会吐槽现状，但强者在遇到困难时会思考解决问题的办法。

职场不是随心所欲宣泄情绪的地方，需要大家聚焦事件，真正解决问题。

感到生气或者焦虑的时候，问自己一个问题：我的目标是什么？人在职场上都会因为同行的刺激、老板的批评、客户的指责等情况情绪波动。此时，一定要有意识地提醒自己：我的目标是使工作 / 项目得以进展。

在职场中，很多时候不是做事能力有问题，而是处理事情的方式出了错误，而情绪往往是导致处理方式错误的帮凶。

调整好情绪，心无旁骛，继续前行。

第二部分

破局：职场跃迁的认知升维

第七章 认知升维一：人际构建力

当考虑职业生涯成功的原因时，人们常常会低估社会关系的重要性。每个人在工作过程中都会建立起一些人际关系。然而，你真正需要的是，与你需要的人及需要你的人之间，保持非常巩固的人际关系，彼此了解对方的需求及双方的依存性。

你需要建立以下三个互有关联又不尽相同的人际网络。

- 运作网络。它包括团队在日常工作中会接触的相关人等。我和我的团队目前需要依赖哪些人，哪些人又必须依赖我们？
- 策略网络。它包括能帮助你为未来做好准备和协助你回答以下问题的人："我们应该做些什么？""我们应该去哪儿，怎样才能到达？"我们未来需要依赖哪些人，哪些人又会在未来需要依赖我们？
- 发展网络。它包括能帮助你取得个人成长或提供感情支持的人，这些人或许会与其他网络中的成员有所重叠，但其中应该也会有一些比较特别的人物。

请列出三份名单：一份是运作人脉，一份是策略人脉，一份是发展人脉。在每个名字旁边，写下你们彼此的依存关系。你们为什么需要依赖这些人或团队，或是他们为什么需要依赖你们？

列名单时，请注意一些常见的陷阱及错误：

不要只想到每天与你见面或一起工作的人。如果你的人际网络没有考虑到未来的需要，你恐怕就想得不够完整。

多样性比人数更重要。你需要一些桥梁，帮助自己与更大的工作环境连接起来，这会让你接触到更优秀的人才和更多的资源。如果你的时间都花在打造亲密而深厚的关系上，你的人际网络恐怕就只局限于和你一起紧密工作的小圈子里。

加上对手或竞争者。不要排除那些曾经反对你或没有支持你的人或团体。如果你需要他们或是他们需要你，请把他们放进你的名单中。即使是过去曾经反对你或有竞争关系的人，你也不能逃避。不要将过去的摩擦归咎于对方的人格有问题，试着了解他们行为背后与工作有关的理由或利益。

别忘了外部资源。你的名单中是否包含了你所在组织以外需要的人？如重要的供货商、客户、顾问或行业团体，以及其他提供相关服务的人或团体。

评估你的人际名单

首先，对着名单上的每个人问自己：这个关系对我的团队有多重要？以简单的数字 1、2、3 来表示：1 代表“重要”，2 代表“很重要”，3 代表“非常重要”。

其次，评估这些关系的质量。即使你们必须应付一些很困难的问题，你们之间是否有足够的互信和彼此合作的意愿？同样地，用简单的数字来表示：1 代表“有待加强，有待改善”，2 代表“不见得完美，但还算良好”，3 代表“关系稳固”。请注意，1 代表两种可能：目前尚未建立关系，或关系存在但比较薄弱；

最近的一次争执让你们彼此印象不好，因而关系需要修补。在评估关系的质量时，不要只从自己的角度看，还要从对方的角度来评估。

最后，比较这两次评估的结果。看看是否有“重要性”为 2 或 3 的关系，但“质量”却只有 1，这些就是你最需要加强的地方。从长远来看，每个关系的质量都应该维持在 2 或 3 的水平，而且所有重要性为 3 的关系，质量也都应该达到 3 的水平。

这个简单的分析可以清楚地显示你的人际关系质量。你有多少人际关系尚未建立，因而只有 1 的水平？如果你有许多人际关系都属于这种情况，这就表示你必须从头开始建立新的人际网络。

你也需要特别注意那些双方已有互动，但关系质量只有 1 的人际，如果你有一些这样的人际关系，就该问问自己其中是否有相似的原因。这能够帮助你了解自己在同事眼中的形象，或者反思自己与同事打交道的方式。

当你的人际网络及知识不断扩充时，一切就会变得越来越得心应手。认识的人越多，你就越能通过引介认识更多的人。联系人际的能力越强，加上对组织的了解越来越深入，都会让你成为大家想结交的对象。

任何时候，别忘了你的上司

在职场，你的能力表现有多好，不仅取决于你做了什么和怎么做，以及你的技能和本领如何，还取决于谁同你一起做或者谁对你做了什么，这是不可否认的事实。谁在帮助你？谁在阻碍你？谁在强化你的能力？谁在削弱你的能力？这些人实实在在地影响着你成为什么样的人。

有的管理者对处理与上司和同级间的关系深感不安，尤其担心不能实现上司给他们制定的目标。他们觉得令上司满意的最好办法就是产生结果，具体而言就是达成销售目标。很少有人提到花时间和精力与上司建立合作关系，他们将上司的指令和要求视为强制性的，自己只能奉命行事。

向上管理非常重要，因为你的上司在你的前途上扮演了非常重要的角色。在组织中善用上司影响力的理由很多，例如，获得宝贵的信息、资源，为你个人的前途争取重要支持，等等。当你面对困难的决策时，上司的建议、观点，对组织的了解，以及诉诸更高层级的能力，对你都非常重要。当组织在变幻莫测的市场中不断变化时，好的上层关系绝对有助于你顺利度过种种危机。与上司关系欠佳可能会产生不良的后果：影响力、信息、资源不足，以及缺乏未来发展的助力。最糟的情况是，你可能发现自己被孤立，受到忽略或排挤。你的管理者旅程可能因此陷入泥沼，事业偏离正轨。

因此，你必须关心你和你的上司之间的关系，并且采取有效的策略。

每个人都喜欢拥有良好的自我感觉，在你的工作表现中，至少有一个重要方面是你可以做出判断的：你采取行动、谈论事情和获取成果的方式是否能让你的上司产生比较正面的感觉？

许多管理者喜欢将注意力放在上司的弱点上，滔滔不绝，而且经常跟自己的同事谈论。他们很少主动发掘上司的长处，这非常可惜，上司的长处才是你应该善加运用的资源。不管你的上司有多少缺点，他一定有一些优点。

此外，不管你同你的上司如何熟悉，甚至可能是很多年的朋友，但是基本的分寸感、距离感一定要有。“久而敬之”，就算再熟，分寸感也必须要有，不要触碰他人的边界，这才是长久的相处之道。在职场中，一定要提醒自己注意界限——眼前的这个人首先是你的老板，其次才是你的朋友。你要做的是以一个职业人的标准来要求自己，谨言慎行，做好自己的本职工作，不因为熟悉而让自己过于懈怠。

你的雄心，甚至你的出色业绩，都不足以保证你在一个组织中必然获得成功。你还要确保那些有影响力的人有强烈的愿望让你获得成功，最起码不是那个阻碍你成功的人。

这就需要你做好向上管理，确保你的上司知道你的工作做得很好，对你有正向的评价。工作业绩和有效沟通结合在一起，才能帮助你获得晋升与成长。只靠业绩本身是不够的，在某些极端情况下，业绩甚至可能是无关紧要的。

没有上司的支持，你很难成功。不少管理者会忽视上司这个潜在的资源，请你不要犯同样的错误。要负起责任，扮演一个积极的角色，与上司建立双赢的伙伴关系，不要把自己看成一个被动的、没有任何腾挪空间的下级。你们之间完全可以建立积极的、正向的、相互帮助的关系。

走出社交舒适区

如果所有的时间你都在与同样的一些人交往，你会自然而然地形成习惯。你跟他们在一起时感到自在，你信任他们；与和陌生人建立关系相比，和熟人交往时更加轻松，也更加愉快。因此，你要付出额外的努力来认识新朋友。

我们都喜欢和自己志趣相投的朋友在一起。

人们也经常心口不一。他们带着结识新朋友、扩大社交圈的目的参加聚会，结果却不愿意主动结识另一个圈子的人。即便认识了一些陌生人，也只是朋友的朋友。

留意一下身边发展不错的同事，他常常可以以一种友好和建设性的方式对待每个人。他似乎真心地对每个人都感兴趣。而且他也很清楚地看到了他身上的缺点——他不会让这些缺点妨碍他与他们之间的关系。

公司聚会的时候，你可以留意一下：你参加聚会完全是因为不去会显得不礼貌，觉得这纯粹是浪费时间，当确定不会有人注意的时候，就偷偷溜走了。还有一些同事借机认识了一些其他分公司的人，之后就一直保持联系。

蜷缩在舒适区，交往的是相似的人，从别人身上看到自己，对于那些差异大的人却不愿意走近。就像我们在社交网站上，一旦我们开始按照自己的兴趣主动关注某一类信息，大数据就会自动筛选、推送相关的信息给我们，很难再有机会去了解不同的信息和观点，逐渐形成一个封闭的信息“茧房”，让你误以为这就是事实的全部、是所有人都关注的内容，自我封闭而不自知。

怎样才能走出自己的舒适区，勇于结交另一个世界的朋友，有效扩大社交圈呢？

首先，必须意识到只选择“和我是一个世界的人”的交友心态十分消极。我们可以创造一些环境让自己不得不走出舒适区，不得不结识陌生人；或者尝试融入新的圈子，学习一种新的技能或和陌生人一起进行娱乐活动；再或者去一个陌生的城市旅游，在那里参加一场聚会，勇敢主动地去结识另一个圈子里的人。

我们必须随时随地提醒自己社交压力的好处，坚信强迫自己走出舒适区和不同的人打交道是值得一试的，是能够带来积极结果的。正是那些不同的声音才让一个团队的合作更加富有成效。从另一个人的身上，你不仅可以获取新的视角、新的知识去解决自己面临的问题，还可以展开新的合作，不齐的齿轮之间转动才会产生火花。

我们习惯于选择那些和我们自己相似、会让我们自我感觉更加良好的人进行社交，比如在选择配偶、交朋友以及聘用员工时都选择那些让我们显得完美无缺的人，但是想象一下：你永远都不打算成长了吗？在你人生中的其他时刻，还是去追寻有建设性的批评意见吧。

网络上一句比较流行的话是“圈子不同，不必强融”，强调的是拒绝迎合别人，做独立的自己。但是这句话并不适合职场，如果把它作为职场的信条，那就是非常不明智的行为。从一个普通职员晋升为管理层，从科级到处级，上了一级就意味着进入了一个新的圈子，你的思考格局都是不一样的，要更积极地融入。

一个人不能在同一个状态中待得太久，也最好不要在同一维度的圈子里待得太久。网络上有一句非常火的话：你的水平，就是你最常接触的5个人的平均值。谁在你身边，你跟什么样的人在一起，真的很重要。与你交往的人想法越多、层次越高，你的能力提升就越快，机会就越多。事实上，在职场，正因为人家的圈子比你广阔，你才更需要千方百计地努力融入别人的圈子。

不少人更渴望在人际交往中获得友谊，以此让自己内心获得认同和愉悦，他们很少会带着“对未来有用”的心态去交朋友，容易把没有利益关系的交往看作纯洁、高尚和可信赖的象征；而带着目的性总像是在暗中谋划什么一样，让人们觉得有愧疚感。

这是因为很多人头脑中存在“好人/坏人”的二元化思维模式：要么就做个好人，从不带着目的性去交朋友；要么就当个坏人，总是希望对方能给自己带来实际利益。这种二元化思维模式造成中间选择的缺失，难道我们就不能成为一个帮助别人，并且为自己带来些许利益的人吗？

你需要的是尽可能在较短的时间里，融入比自己更高级的圈子，尽早实现人生的蜕变。如果我们认识厉害的、有良好人际关系网络的人，很可能会让你在生活中更上一层楼。优秀的人的观念、想法、资源，以及社会影响力，经常能让你醍醐灌顶，改变你的认知。

有一种观点说我的时间和精力非常宝贵，我不去应酬没必要和不喜欢的人，我的时间要留在自我提升上，要留给有用的人。但是，人生真正的提升就是勇于去面对自己不喜欢和讨厌以及害怕的事情。很多时候，你并不知道什么人对你是有用的，什么人是没用的。

在考虑和对方关系时，不要再仅仅考虑他与自己是否合得来、他性格温柔还是严厉等表面喜好，而是这个人如何为你带来社交价值，同对方的交谈是否可以开阔视野，是否可以更好地交流信息、对接资源，等等。

不是每个人对你的价值都一样，你应该考虑如何恰当地运用时间拓展人际关系。较好的人际关系策略是认识大量来自各行各业的人，他们应该来自不同的组织、不同的行业和部门以及不同的地方。

从那些我们不喜欢或不重视的人和事上学习，重要的是我们能从对方身上吸取什么样的经验和教训，而非只是那些你喜欢或认同的人和事，尤其不能仅仅是那些和你相似的人。

你的生活圈子、社交圈子、朋友圈子，如果让你很轻松，很舒服，那说明是没有突破的。好的圈子，是让你一直有压力，但是需要的时候又能帮到你，有互补。

无须刻意讨好别人

职场难道就只是讲利用和利益吗？这是不是太功利了？应该如何让身边的同事认可你的价值，并尊重和接纳你呢？

很多不了解职场的新人可能会这么说："这还不简单，对于初来乍到的我来说，要想让身边的同事接受我、重视我，那么最关键的就是要让大伙喜欢我！只要做到了这一点，与同事和谐、信任的关系自然就有了，还不会让他们觉得我功利。"

这种想法通常发生在初入职场的员工以及刚刚晋升管理岗位的主管身上。这是因为他们把问题给搞混了：与大家打成一片，不等于有影响力和个人价值。职场生存讲求效率和效能，除了个人品质、情感因素，要想在这个地方获得别人的认可与尊重，能否给他人创造价值和利益才是最需要考量的因素。

在成年人的社交关系中，对方会如何看待一个人、如何对待一个人，从本质上来讲，个人的价值，才是决定因素。个人有足够的价值，别人才会尊重你。

当然，笔者并不是说和大家处好关系不重要，而是想让你明白：职场关系的核心是利益和价值。自己在和外部世界发生互动交流时，始终要把重心放在能否帮助别人、能否给别人创造价值和效益上，而不是一味地讨好别人、取悦同事，让人人都说你好。

珊珊是一个热情活泼的姑娘，平时喜欢在家做一些小点心，隔三岔五地拿回办公室给同事们品尝，又喜欢帮助别人，只要同事开口，取个快递、拿个资料……哪怕她自己很忙，也要想尽办法帮助别人。大家一提起珊珊就赞不绝口，俨然是“团宠”，珊珊很享受这种被大家喜欢的感觉。

有一次，部门组织团建活动，分两队进行游戏挑战，胜利者可以有丰厚的奖品，由组长挑选队员。珊珊本以为大家会争着选她做队友，然而最后偏偏剩下她没人选。

其中一个队长不好意思地说：“珊珊，你是游戏黑洞呀，为了团队，抱歉没法选你了。”

这个故事想要说的是，很多时候，人们往往会从个人所能提供的价值来作出相应的选择。

职场竞争是激烈的，如果你只会讨别人开心，只能和他人维持一种和谐而非互惠的关系，那么这种所谓的好人缘其实没有用，一旦在利益上和别人发生冲突，那么你就有可能被组织中的同事放弃。

你最需要的不是停留在表面上的和谐关系，而是关注自己、不断成长，提升核心竞争力。一个不断追求自我成长的人，是自身带有力量的人。内心有力量的人，不会轻易受他人和外界的影响。

真正优秀的人不是圆滑世故，而是实力出众，对别人有价值。当你弱小的时候，刻意讨好换不来别人的尊重，只有你足够强大，才能建立起真正有价值的关系，也就是笔者之前所说的相互尊重、值得信赖、认可彼此的价值和重要性。

职场关系的核心是要让别人认可和尊重你的个人价值。把你费尽心思为同事做蛋糕点心的时间用来研究公司的财务报表，把你在朋友圈不断点赞和评论的心思花在自己身上，复盘你的工作，弥补短板。把对未来遥不可及的大目标转化为近期就可以实现的小目标，再把小目标分解为具体的步骤，摒弃杂念、专注于当下。

我们不需要去取悦所有人，这根本就是不可能做到的，也没必要去做。如果你让身边的每个人都满意和高兴，重视每个人的想法和感受，那最不满意和最不高兴的那个人，就是你自己。不要把自己锚定在别人身上，这是一种能量的被束缚和受限。

在任何关系里面，迎合和讨好是得不到真正的重视和珍惜的。人与人之间亲密或疏远，说到底就是看彼此的价值对不对等。

所以我们注定和一些人分离，和另一些人结合，找到价值等量的圈子和群体。想要真正融入你希望进入的圈子，最核心的还是提高自己的核心价值，让对方觉得和你坐在同一张桌子旁聊天，不是在浪费时间。

把个人关系与工作关系分开

在职场，你也必须与自己本来就不喜欢的人保持良好的工作关系。你必须先了解自己的感觉。你不必改变，却绝对不能完全感情用事。如有必要，你应该与他们定期接触，比如每周见一次面或打个电话，以便与他们建立并维系良好的工作关系。这或许能提醒你，你们的目标原本就不是友谊。

经常提醒自己，必须把个人关系与工作关系分开。你得小心维护，才能让所有的上下级关系都维持在正确的方向，提供人性的关怀但保持恰当的距离，而且永远以整个团队及团队的任务为重心。不论身为管理者还是员工，不能做到这一点，你就得付出惨痛的代价。一开始就建立起正确的关系，绝对比搞砸关系之后再来弥补要容易得多。

你和下属之间，既不应该是完全的权力关系，也不应该只建立在对彼此的好感基础上，虽然权力与好感确实是上下级关系中不可或缺的要素。

你和下属之间当然应该保持正常的人际互动，但仍然必须以工作为最终目标。你和下属之间当然必须关系友好，因为没有人愿意为高高在上的人卖力工作，但关系友好不一定等于“友谊”。

也有很多人说：“这仅仅是操纵。你只关心让员工完成工作，你在利用他们，你没有真正地关心他们。”现实也的确如此，有不少管理者是假装关心下属，仅仅是为了得到自己想要的成果。

然而，我们依然认为，在以工作为重的同时真心关怀下属，可以并行不悖。想想你与其他人的关系，你会要求你的律师、医生、会计师或心理治疗师成为你的朋友吗？你当然希望他们真心关怀你，但你最需要的还是他们的专业协助，你绝不会希望他们因为关心你而影响到他们应该提供的专业判断。回想你碰到过的好老师，你当然希望她喜欢你、关心你，但你也知道，如果你考试没考好，她还是会给你打低分。同样地，想象一位球队教练，他关心你、用心培训你，但你也明白，他最重要的任务还是让球队打出最佳成绩。不论你是否能够挤进球队，担任先锋还是坐冷板凳，全都要看你的表现，而非你们之间的关系。

管理也一样。你和下属最好能拥有真诚、良好的关系，然而你们最终还是必须保持某种距离，你们之间还是有一定的界限。如果你和下属之间的关系，主要目的变成了维系情感而非完成任务，你就等于制造了一个陷阱，迟早会把自己困住。

第八章

认知升维二：沟通领悟力

我们和别人形成的很多种人际关系，有些是自己主动选择、主动建立起来的，比如我们选择的伴侣、好友；有些是被动形成的，由不得我们选择，是环境赋予的，比如同事关系。只要你选择在某一家公司工作，这家公司的员工尽管每个人性格千差万别，但都成了你的同事。

正因为同事关系不是自己能主动选择建立的，所以遇到的很多人，有我们喜欢的，也有我们讨厌的，有聪敏过人的精英，也有行为难以理解之人，我们每天的大部分时间都要和这些形形色色的同事相处：工作上的相互交叉、沟通中的默契或误解……相处是否和谐在很大程度上决定了我们职场生活的愉悦度，有时候难免会心力交瘁。

我们常常会想：如果身边的同事都和我一样该多好呀！拥有相同的行为方式、相同的工作热情、相同的智商，尤其是拥有相同的工作方式。更容易沟通，更容易达成共识。

听上去这是一个很强大的团队，画面很美好？其实未必。

当一个组织中所有成员都在“克隆”我们的时候，这个组织就很难形成一定的多样性和创造性。真正能让一个组织保持活力的，是那些敢于发出不同的声音、敢于挑战群体思维和现状的人。

除此之外，一群完全相同的人在一起工作也无法保证组织形成流畅的团队作业。我们必须不断提醒那些最机敏、最有才华的人："你身边的同事的想法并不会完全跟你相同，甚至差异是非常大的。"

是的，我知道如果人人都像你一样，这个世界会变得更加简单，但他们不是。他们会有不同的背景，不同的教育程度，不同的观点以及不同的抱负。他们会被不同的原因驱使，也会有不同的考量。但他们依然可以是好人！

围绕着"利益相关者"进行思考

在一个组织中，所有部门都被连接在同一个价值链中。换言之，任何一个部门的工作绩效、工作流程的细小变化，都可能影响到其他部门或同事的工作内容和绩效表现。如果人们对此缺乏敏感性，只是从自己便利的角度，贸然提出一些新的想法和方案，很有可能对其他部门或同事造成损害。即使新的方案非常有优势，如可以帮助公司改进效率、降低成本或者增加新的客户，公司也必须综合评估整个组织会受到的影响，谨慎地采纳。无论新方案有多么明显的好处，如果没有与公司的管理者或者与其他部门的利益相关者保持目标一致，很有可能会遭遇失败。

丛林法则很容易成为我们在职场中的心理模式。在这种模式里，职场竞争就是零和游戏，只有赢家和输家。但实际上，绝大部分工作，都需要多人协作甚至多部门配合来完成。工作难度越大，组织协作的比重就越高。要和经常交流合作的同事增加交往频率，留意同事们的工作内容，如果能力所及，可以适时为别人提供方便，也会给自己的工作带来不少帮助。

同事之间的关系需要秉持合作双赢的原则，工作中多从对方的角度去思考，理解不同部门的不同利益。交流时注意就事论事，不把矛头指向他人。

由于人们来自不同的背景，面临的激励机制不同，获得的信息不同，所以他们所看到的世界也各不相同。因此在组织中，分歧是不可避免的。

如果遇到矛盾，应当尽量避免争论谁是谁非，而应该讨论如何解决问题。前者聚焦过去，容易引起冲突；后者着眼未来，不易引起冲突。万一遇到严重冲突，也要保持冷静客观，告诉自己“所有人其实都不愿意主动和他人起冲突”“工作中的问题，应当通过积极沟通来解决”，并且检查自己是否用个人立场来代替工作态度，努力化解问题，避免事态升级而伤害同事之间的感情。

软件工程师苏某最近负责的项目是为公司最大的客户开发最新的软件。苏某马上游说品质管控经理赵某立刻实验他的计划，但赵某之前已经接下来好几个项目安排。作风强硬的苏某企图用产品的利益和潜在获利能力说服赵某，但赵某依然无动于衷。当苏某怒气消除之后，复盘了一下到底发生了什么事情，他发现一直都是自己在说个不停，而没有了解到赵某的考虑，于是认真去聆听和探究赵某的需求。

结果是，赵某想知道苏某过去的记录以及他的团队是否有过成功的经验，因为如果他把苏某的计划排到第一优先位，他就要冒很大的风险。苏某知道自己必须提供过去成功的证据，并且更耐心地倾听赵某的想法和意见。当他这么做时，他发现赵某非常担心这样的决定会让自己冒险。看清这一点之后，苏某又采取了对赵某来说极为必要的保证措施。

围绕“利益相关者”进行思考。“利益相关者”指的是与你的工作流程、结果有关系的人或部门，可能是本部门的同事或上司，也可能是跨部门的主管，甚至是公司外部的客户。有经验的管理者会以终为始地思考需要什么样的工作成果，并考虑工作结果的使用场景和使用者，关心“相关利益者”的利益。

要经常思考，如果要让上司或管理层做出正确的决策，自己应该报告什么？究竟能为其他人、其他部门、外部客户，乃至整个组织贡献什么？为对方提供方便，对方会因为工作变得轻松或更有质量而感谢你。这种横向的贡献意识能使专业化的分工体系有效地协同起来，使工作产出最大化的成效。

谈判培训通常会建议你就“利益”而不是“立场”进行谈判，即理解对方想要的东西是什么，以便让你和他们可以在相互让步中获得更好的结果，从而达成一致意见。为了让谈判获得成功，你需要了解对方想法的来源。

让自己站在别人的角度上去思考，这种能力也有助于你赢得他人的支持，或者至少是减少他们反对的可能性。

复杂混合的动机

在职场中，每个人对工作的动机和诉求是不同的，我们经常看到一些人正直公允，为了维护所谓的“底线”“原则”而做出不利于个人职业发展的选择，他们很坚定，不在乎艰难险阻，不在乎局势叵测，始终坚持不懈。“明知山有虎，偏向虎山行”，为什么有些人会做出这样的选择？

答案是，因为有些时候人们发现自己无法置某个人或某种情形于不顾，有些东西牵绊住了他们，让他们无法抽身。然而在现实中，我们都希望别人是这样的人，很少有人希望自己成为纯粹的付出者或是为某项事业牺牲自己的一切，这恰恰说明为什么我们会赞扬和称颂少数能做到这些的人。

人的本性非常复杂多样，没那么高尚，也没那么不堪。事实上，我们每个人作为有血有肉的个体，有私心也有杂念，向往诗和远方，但也要面对眼前的现实。许多人在意，甚至有时非常在意自己会给其他人或他们所在的组织带来些什么，他们也同样关心自己的前途和利益。利己主义与利他主义在他们的行为中并行不悖。

事实上，出于种种原因，复杂混合的动机正是这些人的行为能够成功的关键所在。

首先，如果动机不是混合的，而只是一味地利他或一味地牺牲自我，人们的努力不会那么持续，也不会那么卓有成效。很多时候，你面对的是漫长而艰难的长跑，是一个人的坚持和孤独，而不是在欢呼的人群面前激动人心的百米冲刺。在面对挫折和阻碍的时候，耐心与坚持非常重要。我们需要从众多动机中汲取力量——不论这动机是高尚的还是平凡的，是有心的还是无意的，是利他的还是利己的。因此，我们需要的不是如何压抑利己的念头和平凡的动机，而是协调、引导和控制它们。

其次，能够真正起到影响力的是你有合适的位置、一定的话语权，你才有机会改变和制定规则，这往往意味着你首先要成为有话语权的“圈内人”，才有机会在不少问题上和很长时期内运用权力和影响力来尽职负责。但是，人们不可能不知不觉、无意之间就成为“圈内人”，你需要保持警惕、保护自己的恰当位置、保有对于决策的发言权，才能继续行使你的领导权力。

人的动机是复杂的，没有纯粹的“好人”和“坏人”，只是一群不完美的人在开展自己的工作，需要我们以更加开放、包容的心态去看待和理解；别人的动机是复杂的，你的动机也应该是混合的，只有复杂的动机才能让你更切实际地应对那些荆棘丛生、暗礁满布的局面。

不要在职场寻找情绪价值

职场关系中有一面特别现实，大多数人都想要站在“胜利者”的一方。出现这种情况时，不要灰心或沮丧。人们会“慕强”，我们都会被所谓的强大力量吸引，拥有资源、人脉优势的人会更容易获得别人的认同。你也只有能提供相应资源和价值，才能容易获得别人的支持。

遇到委屈是工作中的常态，明智的做法是自己消化，不要轻易向你的同事表露心迹，也不要把自己的感受说给上司听。

在涉及这一方面时，对于你的上司来说，他们看重的只是员工的表现。你与同事的性格冲突在他们的轻重缓急列表中处于不重要的位置，他们欣赏的是能与难以相处的人有效共事的人。

李某是公司的一位新晋主管，工作认真负责，深得同事的认同和喜爱。直属领导王某为人直爽，性格果决，也对她信任有加，不少重点项目都会让李某负责，在项目推进的过程中遇到困难或者需要协调的问题，王某都会第一时间进行协助解决。

近期，由于公司业务的快速扩张，王某被派往国外开拓新市场，张某接管了王某的岗位。张某性格谨慎，风格稳健内敛，遇到事情会慎重评估再做决策，对比王某的快速果决，李某一下子觉得难以适应，在问题解决的时效性方面相比原来有一定的差距。

李某在茶水间遇到了同为主管的毛某，毛某开口道："看你最近状态不好呀，怎么了？"李某忍不住随口说了两句："唉，以前做事很顺畅，现在决策效率太低了，怀念王某在的时光呀。"

第二天一上班，李某就被叫到张某的办公室："你觉得现在的效率低吗？说说你的想法吧。"

李某犯了一个常见的错误。当我们面临孤独、安全感缺失、焦虑或其他有压力的事情时，我们会急于对某人敞开心扉。在这样的心境下，将朋友与同事等同起来是非常容易的。李某以为毛某会与自己有同样的感受。当你试图将同事变成朋友时，你永远不会知道在什么情况下会给你带来麻烦。

在沟通不良的公司里，同事之间相互“吐槽”很常见，这种“吐槽”可能会对公司的工作氛围和员工之间的关系造成伤害。所以，千万不要因为一时的不满就跟着瞎掺和，这种“吐槽”你还是避开为好。

你必须明白，职场上，应当管好自己的嘴，不该说的话不要说。别人帮不了你什么，最多得到同情，甚至会引起更多不必要的麻烦。

不要在职场寻找情绪价值。抱怨是不明智的表现。世上没有谁的生活是一帆风顺的，成熟的人总在低头做事、提升自己，只有这样个人才能持续获得成长。

第九章

认知升维三：灵活应变力

很多新晋管理者，在行动上果敢坚决，颇有勇气。虽然职场上的勇气不会要求你像战场上的英雄般置个人生死于不顾，不过还是很值得钦佩，因为你必须跨越常规，冒着遭受否定的潜在可能，包括他人的讥讽或者本人的事业生涯受到伤害。

当然，选择勇气并不是一件容易的事情，它永远会让人们付出代价与遭受挫折。尽力地为遭受委屈的同事辩护，对抗一个普遍受到欢迎的观点……都有可能要付出相应的代价。

展现勇气须审时度势

在众人皆保持缄默之处，肯奋力疾呼往往是有胆识的表现；当所有人大声唱和时，能够保持沉默是需要勇气的。我们听过一些人甘冒风险或逆势而为，其结果是遭到边缘化的故事，在预知会有这种风险时，依然在职场这么做，看起来似乎是不明智的。

在人生的旅途中，有一条路每个人非走不可，那就是年轻时候的弯路。不摔跟头，不碰壁，不碰个头破血流，怎能练就钢筋铁骨，怎能强大呢？

走弯路也并不是一件坏事，至少你会知道弯在哪里，知道边界在哪里，知道哪些事是被禁止的。有些亏越早吃，代价越低。

勇气不是随心所欲，展现勇气需要智慧，需要审时度势。在任何情况下，展现勇气都需要三思而后行，选择什么样的方式和策略都是非常关键的。

在个人所拥护、坚信、珍视或急切渴望的东西受到明显威胁时，勇气就可能出现。展现勇气的时候，我们很少担心别人怎么说。事实上，适度的担心会让我们更加审慎。

勇气的必要前提是，对于当下什么是最重要的有深刻而清醒的认知。

等待一个“更好的时机”

你要能够很快地评估情势，而不是一味地莽撞。如果觉得整个情绪氛围不适合展开正面的应对，或者你的行为会招来别人的强烈反对，就需要暂停下来审慎地考虑别的替代方案，或是适当拖延，让事情冷却下来。

这并不是优柔寡断而是留心观察，不是胆怯而是多方思索。你不仅要知道什么时候必须采取行动，而且要等到最适当的时机。

依据现实状况加以审度，运用不同的方法来面对每一个挑战。当情势不合适的时候，有些事情留待日后解决会比较好，通常这种等待比起解决事情要容易许多。

有勇气且做事有效率的人不会容许自己纠结于细枝末节，他们知道投注过多时间在琐碎的事情上，将会威胁到自己的专注力。每个人都要认清自己的行动是否是必不可少的，是否能以持续不断的步伐迈向一个真正有价值的目标。

了解勇气的重要性，这是在职场道路上变得勇敢的一个强有力的开始。然而，如果缺少了敏锐度，即使拥有很大的决心和很强的毅力也只会让你铩羽而归。在大多数需要展示勇气的场合，决定是否挺身而出得先从几个问题开始：

- 时机适当吗？
- 需不需要支援？
- 假如我加入了，有什么利弊得失？
- 谁会损失？
- 谁会得利？
- 造成的结果值得所受的伤害吗？
- 这样的挑战我能胜任吗？

这些问题的提出不是为了让你知难而退，而是有助于权衡情势。当因为某项议题而情绪高涨之时，要放缓脚步、保持冷静是有困难的，但这的确是需要做到的事。有勇气不代表把理智搁在一旁，你的勇气不能被情绪驱动。

有时候，绕远路是更明智的选择。在冒风险以前，要确定自己是否有把握承受相应的后果。英勇的作为需要胆识，但绝非盲目行动，假如技巧或能耐还不到这个地步，那么也许不是你该发挥勇气的时刻。汇集支持的力量，评估潜在的危险，最好还能找到方法，既可以阐明自己的主张，又不会让别人觉得被冒犯。

当你要行动以前，你得清楚后果。在职场，看似不同的岗位之间，可能表面上没有什么密切的交叉和关联，但人是流动的，所以要谨慎做事。

所有为了英勇行为做的准备似乎都有很高的要求，确实很多时候是难以做到的，然而职场的勇气表现是可以选择的。别因为鲁莽行径而让自己陷于被动，要确认展现勇气的时机是正确的，议题值得冒险，而你已经准备好了，并明晰自己可赢与不可赢的选项。假如你是依据策略起身迎接挑战，并且已下定决心，那么就大胆一试吧。

让智慧加持勇气

有些人的确在职场受到了不公正的对待，觉得自己是受害者，内心有所怨言。虽然他们的不开心情有可原，但他们还是会因此让自己更加疲惫不堪。

在忍让和生气之间，还有一种选择，那就是温和地坚持。你可以游弋于一个中间地带，寻找出一些居于二者之间的温和可行的选择。

温和地坚持的人也会生气，但是他们能把不开心转化为行动的力量。同样，在面对看似水火不容的摩擦时做到游刃有余并且维持现有状态，可以有助于你变得强大有力。

选择一条“温和地坚持”的途径，一部分原因是相信，通过在现行状况下的努力，能够凭个人的力量使局面有所转变。

温和地坚持，于他们而言是最优选择。虽然在有些情况下，顺从的诱惑可能是令人无法抗拒的，如升职加薪，更加平坦的发展路径，更多的组织认同。但对于有些人来说，顺从是一种耗费精力的做法，这是他们所无法接受的。

一个人也可以始终坚持自己的原则，在摩擦严重得无法承受或者被迫离开组织的时候才会另起炉灶。但是大多数人既不愿意，也没有任性到冒这种可能发生的风险的地步。被排斥的风险是大多数人所不能承受的。

尽管强调组织多样性和包容性的重要性，但大多数组织还是倾向于奖励那些维持现状的人。

事实上，随着职位的提高，人们总是变得越来越不喜欢挺身而出，去面对挑战所带来的风险。温和地坚持，需要真正的勇气和智慧。

第十章

认知升维四：情绪管理力

处理情绪问题并不容易。在工作中，很多人可能被自己或别人的工作情绪影响，如愤怒、恐惧等，降低管理效能。压抑情绪并非解决之道。你要了解自己及别人的情绪，但又能不受制于它，这就是一般人所说的情绪成熟度。身为管理者，如何处理情绪问题足以反映出你的情绪管理能力。下属随时都在观察管理者的言行，并深受影响。管理者遇到问题，不要随便流露出悲观情绪，否则会直接影响下属的工作状态。有一句话总结得很形象："你得学鸭子，在水底下拼命划水，表面上还要看起来很平静、沉着。"

你需要有退一步客观了解状况的能力。情绪失控可能导致冒失、失误的决策，进而造成难以挽回的伤害。当人们升至管理层后，这一问题更加凸显，因为其工作重心从技术层面转向了社交层面。情绪无能会对领导能力有很大的影响。

不要做出错误的选择

在职场，我们有时候会表现得歇斯底里、畏惧退缩，会说一些事后让自己后悔的话。

面对冲突，很多人不是采用机智的说服方式和友善的关注来解决问题。有人表达了一些和你不同的看法，你的反应很强烈，气得发抖。你的大脑开始调整任务级别，以便做好战斗或逃跑的准备。当面对充满挑战的关键对话时，你被情绪控制，不能理性地应对老板/同事的批评指责。

你大概会想：“是啊，这可真奇怪，当时我在想什么呢？”我们经常搬起石头砸自己的脚。在思维混乱的状态下，我们选择的应对策略恰恰是最无法帮助我们实现目的的一种。我们成了自己最可怕的敌人，但对这一点却又浑然不觉。

为了回归理智，继续对话，你必须暂时停止和对方的互动，转而审视自我，像一个局外人一样审视自我。你可以这样问自己：“我在做什么？这样做的目的是什么？”你坦率诚恳地探索自己的目的时，往往会得出这样的结论：“我的表现有些咄咄逼人，表达观点的方式太过强势。我已经偏离了原来的目标。”一旦察觉目标发生了偏移，就需要马上进行调整了。

很多人在小事上不愿意退让和妥协，在最该显示风度的时候风度全无。冒失地发声，给自己的职场之路设置了不必要的障碍。

当我们的大脑无法正常思考时，我们肯定会排斥需要缜密思维的复杂情况。我们更倾向于做出战斗或回避的简单选择，并且认为这样做的理由非常正当。

放下愤怒，并不等于是放下自己的价值观。不要在愤怒的僵化模式中迷失，而做出破坏性或毁灭性的行为。把自己从恐惧和侵略性的状态中解放出来。

退后一步的勇气

在事情复杂的时候，谨慎地思考、有节制地行动就非常重要了。在这种情况下，对风险和回报的认真估计是负责任的行为。谨慎和克制尤其适用于那些人们经常身陷其中的复杂不定、变幻无常的环境。

人们常常会把关注点放在“做正确的事”。这样的说法过于简单和片面，它呼唤勇气，却没有提到成本和风险。它认为仅仅是在“正确的事情”和“错误的事情”两极之间进行选择。但是更好的处理之道需要的是更富挑战性的判断取舍，有一些涉及的是“对与对”之间的艰难选择，另外一些涉及是否能使一个公司沿着正确的方向发展，还有一些是充满风险的“求生游戏”。这些情况都需要通过认真分析来应对。

告诉领导他的行为是不正当的，然后摔门而去，这是迫不得已的绝望做法，于事、于己都没有什么好处。特别是你所强烈地关心的眼前的事件和问题，并不会随着摔门而去而得到解决。务实的做法是，固守阵地，低调争取，而不是不顾后果。

在采取行动之前，如果你的头脑乱作一团的话，就应该向后退。有时候，如果某个问题过于复杂，那么在信息纷杂的情况下，让自己停下来、后退一步。

在某些情况下，我们的本能反应是坚持做正确的事。例如，当某个上司、某个同事做错误的事情的时候，人们自然的反应是脱口而出：“这是不对的，你不能这样做。”

但很多时候，立即表露自己的想法和情绪，效果会适得其反。并不是让你去压抑自己的感觉，而是希望能够尽可能有效地控制和引导它。用强硬的态度坚持原则可能是最简单的解决方法，但也很可能使情况变糟，就好比人们走错了方向的时候，急速前行是个更大的错误。

安某明白了这一道理，只不过那是在一次痛苦的经历之后。

她从事了20年的财务管理工作，工作经历平淡无奇，可是她却怎么也没想到，有一天，在面对上司对自己能力的质疑时，她只能用眼泪来回应对方。但事实就是如此。每一次上呈财务预算数据时，她都会觉得自己就好像一个靶子，只能任由他人瞄准和攻击。

最后，她实在厌恶了那种当靶子任人攻击的感觉，于是，她决定直面上司李某。后来的结果并不理想。对此，安某解释说："被否定和攻击的感觉太糟糕了！我当时只是说了一些内心的想法：为什么总是针对我？难道就我一个人错了吗？我想让她也感受一下渺小的滋味，就像我一直以来所感受的一样；我还想让她知道，她不能那样对我！

我做到了。当我离开会议室时，我的心情好极了……可这一好心情却仅仅维持了15分钟。很快，我就开始为自己说过的一些话而感到后悔，并且意识到我刚才的做法只会让我们之间的对抗愈演愈烈。"

人们会为了暂时缓解心理压力，做出不顾后果的决定，正所谓"捡了芝麻，丢了西瓜"，因小失大。如果你想改变他人或他们的行为，并就此对他人大发雷霆或加以指责，这样最有可能的后果就是，你所担心的种种负面效应一一出现。受到伤害的只会是你们之间的关系。你的这些话也许还会激起对方的抗拒心理。

比起当时脱口而出这一看似明显的正确答案，自我克制往往是一条更加艰难的道路。在人生的课堂中，最早举手回答问题的学生不一定是最聪明的。强烈的反应，有时是瞬间的顿悟，有时却是一种偏见或者误解。在你认为有些事情显然是错误或者失误的时候，也尽可能地试着停下来，环顾四周、聆听、了解，再举手。

越是不顺心，越要控制情绪

你的情绪本身没错，情绪对于日常生活的运转有着不可磨灭的功效，它们会让你明白自己当下处于怎样的情景之中，让你明白什么是不能忽略的、必须要处理的大事。情绪可以说是认知力的源泉，是能量的催化剂。

感知到自己在某一时刻的情绪还能与情绪“和平共处”，这是人生的一堂必修课。然而，直接把你的情绪说出来却可能是个糟糕的举动。在情绪化的时刻，你的是非观可能会出现偏差，也许你会把自己的状况夸张化，你可能正被笼罩在一个十分不理智的思维模式之下，所以此时你的权威性和可信度都会大打折扣。

人只有一辈子，没有“彩排”。职位越高，你要承担和付出的就会越多，委屈自然也就越多，有不满可以，但不要过多地宣泄情绪，因为你不知道这样会对自己产生什么样的影响。

笔者曾经遇到一位情绪变化非常大的上司。他心情好的时候对下属特别大度，但如果在个人生活或者工作中遇到什么不开心的事情，就会情绪大变。因此，下属们在工作的时候还得观察他的脸色，判断他今天的心情如何，压力特别大。

心情好的时候对人态度温和，这并不是一件很难的事情，每个人都可以做到。真正能够体现出一个人本性的，是他身处逆境时的态度。

没有达成业绩目标、下属没有成功完成任务、时间紧而工作量大……当人们遇到这种状况时，往往就会忘记维持自己的外在形象。

“我现在工作特别辛苦，没办法维持那么好的形象，大家知道我是好心的，大家应该也能够理解。”如果你有这种想法，就大错特错了。周围的人都在冷静地观察着你。即使你的遭遇非常值得同情，但那些不适当的行为还是会真切地留在旁人的记忆中。

我们释放出的信息常常会成为别人的评判对象。因此，即使我们心中满是愤怒与焦虑，也不能表现出来。要时刻牢记，越是身处逆境，就越要控制情绪。

能够察觉并明确自己的情绪是一项技能。无论发生了什么事情，你都要做到以下 4 点。

- 保持冷静。
- 不要大喊。
- 不要争论。
- 永远不要一时冲动。

逞口舌之快可以让你痛快一时，但之后你会后悔的！坏脾气的形象一旦确定下来，就很难改变，往往需要很多年的努力才能彻底让别人对你“刮目相看”。

谈到发脾气这个问题，通常都是一对一的互相针对。换句话说，通常都是一个人惹另一个人发脾气。实际上，愤怒很少是其他人的问题，它通常是我们自己的毛病。

当没有人能听到你的声音时，吼再大声都没用。在我们的日常生活中，总会有一些人让我们发狂，让我们对他们恼怒不已。我们可能会花很长时间来埋怨这些人，想着他们是多么不体贴、不尊重我们，对我们是多么不公平。

毫无疑问，对付这些人的最好方法就是不要对他们发脾气。发脾气并不会改变任何事情。有人说过：“那些让我们感到愤怒的人其实也是身不由己。对这样的人发脾气毫无意义，就好比一边冲着桌子发火，一边大骂它为什么是一张桌子一样。你根本不能改变什么，对方也不会有任何改变。如果我们出生在跟他们同样的家庭里，拥有同样的遗传基因，生活在同样的环境当中，我们也会做跟他们同样的事情，而且在很多情况下，我们甚至会对自己也不满意。”

“一念嗔心起，百万障门开。”情绪让我们无法专注于正在发生的事情，让我们变得迷惑、对立和怨恨。不要被情绪牵引而作出决定。

不要制造不必要的麻烦

一般情况下，冲突会引发强烈的情感，其中就包括愤怒。这些强烈的情感会干扰我们进行战略性思考的能力，让我们看不清什么才是我们真正要做的事情。你需要不断地提醒自己："胜利看上去是什么样子？如果是你赢得了战斗，你希望这场胜利包含哪些内容？"有时候，人们看不清自己的最优先事项是什么，转而为其他事情而战斗，给自己制造了不必要的麻烦。

避免在不必要的情况下制造对手或者制造麻烦，这要求一个人拥有一种重要的能力——专注。你需要有一个明确的思路，看清你要去的地方是哪里，看清一路上有哪些关键步骤。当你在这条道路上遇到障碍时，你需要做出反应。但是，如果你分心去管那些和你的计划关系不大的人和事，就只是在浪费你的时间，并且可能会惹上麻烦。

大家正要讨论一个重要问题。这时，有人暗示自己的看法是唯一正确的，马上有人提出反对，用各种事实加以辩驳。看到这一幕，掌握关键信息的人往往会陷入沉默。随着与会者情绪逐渐升温，原本需要慎重使用的措辞和试探性沟通的观点被各种绝对化表达取而代之。结果，没人继续聆听他人的观点，大家不是陷入沉默就是对彼此恶语相向，没有一个人成为赢家。

这样的场面很熟悉吧？这大多都是从一个错误想法开始的。通常是因为我们坚信自己是正确的，别人是错误的，所以才会不断地强迫他人接受自己的观点。因此，我们不必再搞什么充分讨论、自由交流，因为我们自己的观点就是"正确"观点。

当然，在这种情况下，对方在我们的想法中不一定是坏人，他们只是不了解问题的真相。与此同时，我们自认为正在为消除幼稚想法和狭隘偏见而努力。

殊不知，这样做其实是在自欺欺人，为自己寻找借口。我们会使用各种方法进行自我辩护，其中最常见的方法是“瞒天过海”：只列举支持自我观点的事实，避而不谈不利于自己观点的信息。然后，我们会夸大其词地宣布：“人人都知道这是唯一可行的办法。”如果这一招不奏效，我们会对自己的观点添油加醋：“每个思维正常的人都会同意我的看法。”

接下来，我们会使出更多的方法，比如：

狐假虎威式：“领导也是这么想的！”“领导已经在催进度了！”

以偏概全式：“既然有项目出现了这种问题，我们这里肯定也会出现同样的问题！”

无中生有式：“我们可以按你说的方案做，只要你不怕冒犯客户和丢掉生意就行。”

显然，我们越是拼命向他人强加自己的观点，使用的手段就越是低劣，遇到的阻力会越大，产生的结果会越糟糕，人际关系也会越差。

要想获得成功，你必须从一些关系中获得必要的资源，以便完成工作，因此你必须克服可能阻碍你建立关系的因素。

不要把别人的反对或轻视视为私人恩怨，想想你需要谁的支持，然后去寻求这种支持，不要在乎别人对你的态度，或是你自己的感觉，而要把焦点集中在数据上，集中在公正的分析上。要做到这些，你需要高度的自律和成熟的情感。要做到这一点并不容易。

无视那些打击你、嘲讽你的人的言谈举止。这些人不值得你花时间同他们解释。

公司中有些状况可能会令人感到不快或沮丧，也可能会转移人们的努力和注意力。但是，雄心可以让人们专注于获得影响力，帮助人们克服放弃或让步的诱惑。

梅某是一家大型信用卡机构的信贷经理。她认为，正是对目标的不懈专注让她忍受了各种恼人的、愚蠢的、令人沮丧的状况，用她自己的话来说，就是让她“不要纠结于当前的不足”。

她对职业生涯成功的渴望帮助她控制了自己的情绪，促使她继续努力实现她的目标。梅某专注于她所追求的成功，而不是纠结于人们不同的个性和癖好，这是她的职业生涯发展迅速的一个重要因素。

从工作中找到价值和意义，至于那些闲言碎语，真不必在意。

有时，他们就是不喜欢你

不管你怎么努力想要传递友好、善意，总会有人不喜欢你的想法，不喜欢你的样子，不重视你的付出或单纯地不喜欢你。没有人敢保证生活是公平的或职场是公平的。所以，当你遇到职场中的不公平时，记住：

- 不要生气或沮丧。

- 不要纠结于此。
- 一笑而过。
- 从中总结经验。

你尤其要提醒自己注意，特别是在一些公开的场合，更要克制自己，更要注意你的言行和表达，切忌咄咄逼人。要展现你的谦卑和宽厚：

对于这一点，你有着丰富的经验。

我很在意你对这一点的关注程度。

如果一个人公开批评你，一定要对他表示感谢，让他（其实是那些旁观者）知道你有多重视这些坦率的反馈。不要公开反驳这些观点，尝试着说："你的观点很有趣，我真的很看重这些坦率的反馈。我会深入思考这个方面，然后我们再对此进行讨论。"

在工作场所总会有人和你相处不融洽，甚至还会有人让你讨厌。要特别尊重这些人，因为其他人会注意到你的礼貌行为。当你与难相处或是不可理喻的人打交道时，你表现得礼貌、大度，他们会特别注意到这一点。

与难以相处的人打交道的首要准则就是：不要往心里去！所以，你要怎么做呢？也简单。问自己一个问题：我为什么与这个人打交道呢？你与一个人打交道时，要提前明确以下几点：

- 与之相处的目的是什么；
- 你想达成的关键结果是什么；
- 你是否需要改变你的行为，以便从这段交往中获取最大效益。

负面情绪太多的人经常缺乏安全感，他们不善于发明或创造。面对有发明创造能力的人，他们会感到自己的局限性，并试图通过践踏他人的所有创意来弥补差异。创造力弱、自我效能低的人，总是通过破坏别人的“成就”来满足自己。

控制自己对生活环境的情绪反应。越是和你不同频的人，越是要客气冷静。对不喜欢你的人，你对他客气但是他又不能真的对你怎么样才是他最难受的。

穿越情绪迷雾

想象一下，当你行驶在高速公路上，突然进入一片大雾之中，大雾妨碍我们看清路面状况及周围的汽车。你还会保持速度继续行驶吗？还是放慢速度、靠边停车，等待雾气散去？大部分人会选择后者，因为在那种条件下，按照原来的速度继续驾驶太过冒险。

现在想象一下自己深陷消极情绪的浓雾之中。这些情绪非常强烈，能够压倒一切。让我们先下意识地放慢速度、靠边停车，等待大雾散去再回到刚才的情境。当我们重新上路时，便会豁然开朗：是我们主动让情绪迷雾消散的。在知道自己能最小化或者完全可以避免这些额外问题之后，我们便可以回归该情境中。

停顿下来并不是为了逃避情绪，而是为了让情绪浓雾逐渐消散，让我们看得更加清晰，能够防止我们实施不健康和毫无益处的行为，因此保护当下的我们。

第十一章

认知升维五：持续学习力

我们能够晋升到某一个职位，除了幸运和机遇，还有个人的习惯。习惯决定了我们的行为方式。

你在组织中的职级越高，习惯就越重要。大多数领导聪明，经验丰富，而且能力较高，这些特征已经不再是重要的区别要素。习惯才是重要的区别要素。习惯决定了我们如何控制自己的情绪、如何开展人际交往——不只是我们能做什么，而是怎么做。

进入新的发展阶段，检视你的习惯

对很多管理者而言，他们的某些工作理念可以说是根深蒂固，以为那些在过去行得通的不二法门，在未来也一定会或应该会成功，只要一以贯之就好。这会让他们对任何改变都很排斥。这些理念的影响力实在太强，使人们抗拒改变，面对任何失败和挫折时，都不置疑自己的想法是否有问题。

习惯带给我们很多过去的成就和力量，让我们以为有了某一个习惯，就像解锁了某道成功之门的密码，屡试不爽。踏上新的人生阶段之后，要面临新的课题和挑战，要应对新的环境和关系，亟待我们对旧的思维习惯和做事风格进行升级迭代。

索某任职于某家实力较强的广告公司，她的职业发展道路非常顺，一毕业就去了高起点的公司，一进去就遇上公司的大项目，一工作就能出成绩，一出成绩就快速晋升。

然而，她最近却愁眉不展。职业发展陷入了瓶颈期，从早先晋升极快的状态一落而变得处处艰难。她作为职场新人时就以机智过人却略显轻率的讲话受到瞩目，而这样的习惯等她升上管理层之后，却让她步上了一条困难的道路。

她和人说："我为何要顾及他们的想法？就因为直言不讳才让我爬到今天这个地位。""哪有这种事！"有人回答她，"过去你可以是这样，但现在你身处新的赛局，需要你重新审视自己的行为习惯。"这点醒了她，虽然她试着学习如何放低姿态与人沟通，但对她来说不是件容易的事。

长久以来她自信满满，而这也阻碍了正确展示自我的能力，使自己的想法无法获得他人的倾听与赞同，更让许多人与她对立，她需要尽快弥补这些人际关系，或者调转新的部门重新来过。

踏上新的发展阶段之后，让你停滞的常常是习惯。如果你继续做同样的事情，你就会得到同样的结果。即使你不再受到周围人的攻击，你的所有努力只会让你在原点打转，再也难有提升。

成功常常意味着你已经在自己的领域奠定了扎实的基础，这也是造成习惯问题尤为重要的原因。文化或体制问题都不在你的掌控范围之内，你真正能够掌控的只有自己的行为习惯。所以，改变这些习惯，就是你职场进阶和达成目标的最好方法。

改变，没有什么不可以

我们的很多习惯，有些是无意中养成的，比如父母坚持让你做的某些日常行为，像是必须在早上离开家之前吃早餐，我们也会将这些行为内化为习惯。

其他一些是通过刻意练习获得的。你在学校学习如何阅读和计数、如何理解财务报表及如何管理项目。通过练习实践之后，这些技能就变成自动化行为，你现在仅凭潜意识就可以直接实现。

在阻碍着你发展的习惯里，往往潜藏着能量。勤奋、觉悟、有洞察力、愿意为他人付出，不总以自我为中心，这些是很多职场人都有的素养。

表 1–1　习惯与潜藏的能量

序号	习惯	潜藏的能量
1	过于看重技能的作用	这是因为你尊敬知识、崇尚专业，你希望自己的素养能够配得上自己的岗位。
2	苛求完美	这是因为你不愿意让别人失望（尤其是你的家人），而且你希望通过自己的努力让这个世界更美好。
3	情绪化	这是因为你想要做真实的自己，并希望更好地与他人建立联结。

这些素养一定给你的职业发展带来过帮助。正是由于这些习惯里潜藏着如此之大的能量，它们才会助力你的工作，让你为公司作出更多贡献，然后慢慢地让整个社会变得越来越好，所以在你走向职业生涯的“进阶”环节时才不愿舍弃它们。

然而你最终的目的是要完全开发自己的潜能，让自己发挥更大的价值。这时，曾经的那些好习惯就开始阻碍你了，习惯成就了我们，也禁锢了我们，让我们在一个固定的行为模式里感到安全、舒适，同时也会限制你的好奇心和探索欲。因此你不得不逼迫自己走出舒适区，重新建立新的习惯。

李某是一位职场女性，管理着一个小团队。人到中年，当初拼事业的那种激情变成了今天的疲惫和惯性，原来做事的方法在应对现在的工作时常常力不从心，找不到新的方向和突破口，进入了职业发展的瓶颈期。

罗某是李某的好友，建议她振作起来，重新学习。李某觉得自己这个年纪了，似乎很难有什么改变了。

罗某：你学会弹古筝了吗？

李某：当然学会了。

罗某：弹古筝是一种天生的技能吗？

李某：不是。

罗某：你学会了弹古筝，又承认弹古筝技能不是天生的。如果你能学会这些技能，你当然也可以培养那些能让你提升领导力的技能和习惯。

成为领导角色的人必须具备其他人所不具备的某些技能。在做领导的开始阶段，你还没有练习过领导技能，不知道如何把它做好，所以你必须更专注。这个阶段需要付出很多努力和专注力。

坚持下去，练习得越多，尤其是那些你觉得有挑战性的事情，你就越接近掌握的程度。就像弹钢琴一样，关乎领导力更多的是技能而不是知识。成为一个更好的领导者的唯一途径是通过有意识的、持续的实践练习来提高你的领导能力。

渐渐地，你会发现，那些曾经让你觉得困难、不自然以及需要大量努力和专注力的事情现在会毫不费力地发生。

不要自我设限

《论语》里孔子说“君子不器”，是说君子从来不会把自己局限在某一个形象里，而是根据环境来调整自己，让自己更有包容性，不会用某一个角色和身份来界定自己。

不断适应新环境，在新环境里塑造一个新的自我形象。就像水一样，把水倒进杯子里，它就是杯子的形状；把水倒进瓶子里，它就是瓶子的形状。没有任何一个固定的形象，也可以是任何一个形象。

具体到职场上，就是要具备成长型思维，不要给自己设限。比如在遇到岗位调整或者意见反馈的时候，有人会说“我只会做财务”“我不善于分析数据”“我的领导风格就是这么直率”“我就是这个样子”……

自我设限会保护自我免受伤害，它不仅保护着我们的自我形象，也保护着我们在他人心目中的形象。不去做这件事就不会出丑，就不会显得自卑，就不会出现各种他内心猜想的可能不好的状况。但是，它在保护我们的同时，也阻碍了我们自身能力的突破。

拉开大家距离的就是认知的格局。调整自己的认知角度，建立积极的思维模式。生命的意义在于开拓而不是固守，无论什么时候我们都不应该失去前行的勇气。

学习常常是从一些不自然的行为开始的。我们之所以会觉得不自然，是因为不是自然的真实情感驱使我们去改变。找到和下属之间合适的距离，学会正确展示自己的观点，与上级处理好关系，适应一个新的环境，调整我们的情绪化……要处理好这些事情不是一个自然而然的过程。

我们常常以真实为借口，把自己限制在一个封闭的环境中，不去接收新的信息，尝试新的环境。有时候我们应该学会像水一样，让新的环境来塑造我们的自我形象。

一个内心强大的人是不会让自己囿于某一个形象和身份的。很多“坚持真实者”最大的问题在于，他们是基于过去来定义真实性，因此他们认为改变就意味着失去了真实性。

真实的自己到底是什么样？

实际上，普通人穷其一生，也未必了解真实的自己。我们都知道潜意识以及冰山理论，我们表现出来的样子只是冰山露在水面上 5% 的部分，而 95% 都是暗涌在水面下更大的山体，而这隐藏在水底的，就是长期压抑并被我们忽略的存在。

更关键的是，潜意识和自我感觉往往存在很大的落差。在工作和生活中，我们以为的样子和真实的选择往往存在很大的差异。

当我们做出的选择是我们以为的样子，我们会理所当然觉得，我就是在做自己。而当做出的选择是基于我们未知的潜意识时，我们会觉得，这不是我做的选择。

另外，有的人反感“掩饰自己”。但是不做真实的自己不等于放弃自我，而且不做真正的自我不等于错误和虚伪。

改造自己而违背“真实的自己”信条的人，其实伤害不了任何人。有的人一直因自己过度敏感的个性而整日郁郁寡欢、压抑自我，过得并不开心。如果真的如此，为什么还要忠于一个已不想要的自我？为什么不能改变自己，让自己变得更好？不断突破那个“真实的自己”，真正勇敢的人，遇到问题都是“逢山开路，遇水架桥”，不会总为自己设限。

为自己树立职场个人形象

每一个管理者都希望拥有自己独特的职场形象和个人品牌：睿智、亲和、富有感召力……思考一下，你的“个人形象”品牌是什么？你有自己想要的品牌吗？如果没有，请马上寻找并定义你想拥有的自我品牌。

通俗来讲，就是为自己在职场“设定形象”。职场个人形象是你准备呈现给职场上其他人的面貌和待人接物的方式。这个个人形象是可以设置的，还可以随着职业生涯的前进加以调整，比如换工作、转行等，甚至可以有很大的改动。

设定个人形象其实是一种努力和期许，你正在往好的方向发展，正在塑造一个新的自己。

路遥知马力，日久见人心。但在职场，有时候，我们经不起三年五载的等待、磨合，你应该尽快让领导、同事了解你是一个什么样的人，至少你是想努力成为什么样的人。

打造你自己的职场个人形象，会给自己一个明确的进步方向和行事指南，也会让你周围的人尽快知道和你的相处之道。

领导不仅仅是一种行为方式，它还是一种角色。当你身处领导者职位，你必须扮演这个角色。你向别人展示的东西，是基于角色和他人需要的，而不是你真正感受到的。例如，公司正在进行一项大规模收购，这让员工们倍感恐慌，如果你也表现得很焦虑，那只会让下属们更加沮丧。所以你必须隐藏你的真情实感。

你所表达的和真实感觉可能并不一致。你不能以人们现在的状态为准进行领导，而是要以公司的目标和发展方向为准进行领导。这意味着，你的领导风范要能平衡下属的情绪波动：当他们感到害怕时，你要表现出自信和决心；当他们感到自满、冷漠时，你要表现出担忧。你表现的可能不是真实的，但却是团队需要的。

当你不知道某事时，你仍然要在内心对自己保持诚实，只是需要时不时地掩饰一下自己的真实感受。如果你能坚持这么做，你会发现工作开始与结束时的感觉截然不同：在你负责大型项目的一开始，你充满了恐惧和不安，但你将自己的焦虑隐藏起来，向别人展示自己积极自信的一面。随着对项目的投入，你的信心逐渐高涨，最终会呈现一个领导者“该有”的样子。

没有哪个领导者能够解决所有问题，没有哪件事是完全在你的熟悉范围内的，所以某种情况下需要掩饰自己的真实感受。员工需要有能力的领导，他们不期待领导拥有所有答案，只是希望领导不回避问题。

小刘从事媒体工作。在一次偶然的机会下，小刘帮助同事去采访一位大明星。作为新人的她，既激动又焦虑。她觉得自己一个新人怎么可能搞得定大明星，但是她又不想放弃。于是没日没夜地查阅资料学习，找前辈取经成了她的日常。

尽管前期的准备工作那么努力，她心里还是很慌，没有底气。其实最过不去的，还是她心中的自卑感。她甚至还去找了心理医生咨询，医生告诉她："谁知道你是新人呢？他们派你去就是觉得你不差，相反地，你这样畏畏缩缩怕这怕那，人家就知道你不行了。"

回到家，她就给自己准备了几套很有气场的衣服，加上之前烂熟于心的资料，她的采访非常成功。

事后，小刘说："在采访前的一秒，我还有一点觉得自己很虚伪，不是真实的自己，但另一个我跳出来说，假装成自己想成为的样子，也是一种努力啊。"

看一看周围那些优秀的管理者是什么样的风格，分析一下你的团队需要什么样的管理者，你做到了哪些？哪些方面还是你的短板？哪些特质还需要加强？在你的日志上认真地写下来需要提升的方面，然后分解成具体的动作、细节，落实在每天的行动上。

比如，需要提升的是"亲和力"，你需要提醒自己这几个方面的细节：开会的时候不要皱眉头；下午茶时间走到你的同事中间打个招呼；沟通的时候真诚而关切地同对方进行目光交流；等等。

按照你的"设定个人形象"，一个动作一个动作地去实践，做自己没做过或者不擅长的事情，会让我们感觉“很假”、很不自然，你需要的是坚持下去，经过时间的沉淀，慢慢地这些会成为你的一部分，会让你成为自己想成为的样子。

有一则寓言叫作《刺猬与狐狸》，讲的是在狐狸和刺猬的较量过程中，狐狸设计了很多复杂的策略偷偷向刺猬发动进攻，而刺猬只会用满身的尖刺缩成一个圆球。尽管狐狸知道很多事情，刺猬只知道一件事情，可屡战屡胜的却是刺猬。

这个寓言告诉我们——有时候简单而专注的办法是最有效的，不管世界怎样复杂多变，只要我们学会把复杂的事情简化成一条基本理念或是一个基本原则，培养一种核心能力，就能应对所有的挑战。

不可否认，践行“刺猬法则”——简单专注、精益求精，是一种值得尊敬的人生策略。然而，我们却不能因此而否定和摒弃狐狸的人生策略。狐狸行动敏捷，对复杂多变的世界保持高度的敏感，一种方法行不通马上谋划新的方法，这样的人生策略同样也是明智之举。

很多时候，我们更应该多多仿效狐狸。职场遇到的很多人或事，是复杂多变、充满不确定的，狐狸会仔细倾听，去参与、去探索，始终保持好奇心和应变力。不仅从认同的观点中获取知识，对于不认同的观点，狐狸也会拿走可取的部分。

面对挑战，灵活的狐狸还可以做出最好的反应。

评估你的弱点

被任命担任新的职务，是因为那些选择你的人认为你有能力取得成功。但过于依赖之前让你成功的东西可能会对你的新工作造成负面的影响。

准确找到自己弱点的一种方法是评估你的问题偏好——找到你会被自然吸引过去的那类问题。每个人都会比其他人更喜欢做某些事情。你的偏好很可能影响你的工作选择，你会选择从事那些有更多自己喜欢因素的工作。因此，你会不断地完善这方面的技能，并且在这些领域解决问题时具有充分的自信和能力，这样的循环不断加强。这种模式就像是不断锻炼你的右手，而忽略了你的左手：强壮的那只手臂越来越强壮，而瘦弱的那只则越来越弱。这样做的风险就是你创造了一种不平衡的状况，当只有依赖于双手同时灵活才能取得成功时，你的弱点就会暴露出来。

这个诊断性练习的结果可以帮助你回答以下问题：你最喜欢解决哪个领域的问题？你最不情愿解决哪个领域的问题？你在新岗位上可能会有哪些弱点？

你可以做很多工作来弥补你的弱点。这里有三个基本的工具：自我约束、团队建设、建议与咨询。你需要约束自己，花费时间去处理那些你并不喜欢、可能也并不会自然选择去做的重要工作。成长的最好办法，就是和自己的恐惧正面交锋，去做让你害怕的事情，直到你获得经验为止。

在这之外，主动地去寻找你的组织内的在这些领域具有出色能力的人，他们可以为你保驾护航，你可以向他们学习。顾问和咨询师们也能够帮助你跳出你的舒适区。

你的弱点会让你脆弱，但优势也同样可以。有说是芒格说的、有说是马克·吐温说的，存疑对于手里拿着锤子的人来说，什么东西看着都像是钉子。帮助你取得目前成功的那些素质（你自己要明白你的锤子是什么）有可能在你的新岗位上成为你的弱点。

借用一句老话，自我准备是一个旅程而不是一个目的地。你需要持续地工作，以保证你是在应对新岗位的真正挑战，而不是撤退到自己的舒适区内。人们总是很容易就后退到那些习惯里面，这让你倍感舒适，但同时又非常危险。

寻求新的自我发展经验

除了从日常工作中学习，你更可以积极寻求新的学习机会。这意味着你应该在现有的工作中努力争取帮助自己拓展经验、发展新思维及新行为模式、能够为自己持续成长铺路的“延伸性”任务。

不要坐等机会从天上掉下来。如果你知道自己在哪些方面需要发展，也知道应该怎么样发展，如果你能够以策略性、长期的眼光来看自己的职业发展旅程，你就可以主动提议或创造一些学习的机会或任务。如果能够结合个人的需求及组织的目标，效果将会更好，因为你的成长将有助于达成组织的目标。

以自己的长处及优势来争取或创造有助于成长的任务，并借此建立一种具有自我强化功能的循环：以优势来争取新任务，在新任务中培养新的优势。这样，你的成绩及名声都将不断累积，你也将获得更多的影响力及责任，你的人际关系将更广阔，地位也将不断提升。你的管理者旅程将争取到更多成长、晋升及进步的机会。

多年以来，心理学家利用“胡萝卜加大棒”的类比来强调促使个人发生改变的“大棒”或痛苦经历的重要性。例如，负面的个人评价或360度评估以及经历失败所带来的失落感，这些经历就像一根“大棒”一样。如果你还拿着“胡萝卜”——例如强烈的野心、一个催人奋进的目标或对理想自我的憧憬，就要注意了，只有这些“胡萝卜加大棒”的条件都具备了，你才能够实现成功的改变，这就是“胡萝卜加大棒”的理论。

- 重新分配你的时间。花更多的时间用于拓展技能，而不只关注眼前工作的成果。每天花20%–30%的时间学习新的技能，用以拓展自己的专长，而不是只花时间做自己最擅长的工作。
- 传播你的知识。告诉人们你都在学习什么，以及你所收获的东西。他们需要你能够承担更多的职责。
- 做长久的打算。职业生涯中，你可能会就职多家公司，有多位上司，不要将你的未来捆绑在某一个人或某一项技能上，在如今这个不断变革的社会中，你需要多方面的技能，而不能只擅长某一项技能。

进步过程常常以发现“目前的你是谁”和“你要成为什么样的人”之间的差异作为起点，这个发现能激励我们开始付出行动。事实上，成年人的学习和改变大多数时候都是从对自己不满意或是觉得很迷茫开始的，他们发现了自己的期望与别人的评价之间的落差。

第十二章

认知升维六：塑造影响力

大多数人都公开表示自己讨厌办公室复杂的人际关系，而导致这一现象的主要原因就是他们不善于应对这种问题。但不管你是讨厌它、避免它还是积极主动地消除它，人际关系动态就是公司生活的重要方面。不管你是在职业阶梯的顶端还是底端，不管你的工作是在兽医诊所还是律师事务所、是广告公司还是道路施工队、是大公司还是小公司、是新公司还是老公司，你都要与人们及他们与生俱来的复杂性打交道，并且逐步建立你的组织影响力。

存储你的信用

在存储信用阶段，首要的是向你的账户不断增加投资，包括你的贡献、你的口碑，待信用足够的时候，你才可能获得引发改变的资本。以过去的表现记录作为前提，并非意味着年轻管理者不该主动作为，而是说你要明白过去的表现能让你有多大的做事空间。如果你想要在组织中进行变革，就必须先有某些成就作为背景和资本。

郭某是公司销售部一名新晋的经理。让他颇为困惑和不解的一件事情是，每次和公司高层开产品营销会的时候，同为销售部经理的何某的提案常常能轻而易举地获得认可。即便是完全一样的立场和意思表达，人们也总是很容易就认同何某。

而自己无论说什么，都常常被别人各种挑剔和质疑。郭某觉得很不解：何某只不过资历深一点，比自己在公司多待了十几年，为什么事情的结果就不一样呢？

同样的话语，同样的事情处理方式，对资深管理者和新晋管理者来说，所产生的效果天壤之别。资深管理者有着较为丰富的资历作为背书。

而新晋管理者则少了时间的滤镜，一切都是全新的开始。在一个组织中，要有效地开展工作，需要你充分发挥自身的影响力，维护好所有你需要但没有直接控制权的与其他人之间的重要关系。

影响力通过信任来实现，如果他人不信任你，那么你对他们的影响就非常有限。你也许有很多伟大的计划和设想，但是如果没有赢得他人的信任，这些计划和设想就无法付诸实施。热情、值得信赖且能力强的人会受到人们的拥戴，但前提是你已经与人们建立了信任关系，这时你的力量就变成了一种无往不利的天赋，而不是威胁。

一旦你在组织中赢得了更多的可信度和影响力，你想要表明自己的态度，或者实施自己的工作计划，就会事半功倍了。所以，在有什么大胆举动之前，请先问自己三个问题：

- 你有多少信用资本？
- 你拿其中的多少去冒险？

- 对你和其他人而言，可能获得的回报是什么？

第一个问题回答起来并不容易，因为信用资本包括两样无形的东西——声誉和人缘。当然，如果这些直接取决于人们工作做得怎么样，事情就好办了。但是，绝大多数时候，声誉和人缘与工作质量的联系并不紧密。几乎所有人都知道一些关于表现良好、声誉出众的人比表现出众、声誉良好的人提升更快的例子。这类事情甚至会发生在销售和保险这两种依靠硬性的数据来评价员工表现的行业里。

声誉首先是一种认可。它意味着即使是出自对组织的耿耿忠心、在工作中做出的一流表现，除非得到其他人，尤其是上级的认可和称赞，否则也不能转变为信用资本。表现优异却不为人所知，就好像树木在森林中倒下，而旁边没有人听到它的声音一样。

职场的新晋管理者往往都急于显露自己的才能和实力，盼望尽快得到他人的认可，容易犯急于求成和凡事都要争先的毛病，过早地掀起和卷入竞争。

某公司人力资源部副经理李某最近备受打击和困扰。李某在分公司业务能力强，在近年的新人中是为数不多的综合素质强的新晋管理者，创新意识强，做事不拘一格，行动力非常强，为高层所关注。最大的短板和不足是经验尚浅，对职场的复杂性感受不深。

部门经理张某也是提任没多久的管理者，对李某颇为忌惮和不信任，特别是在一些人事提案上，只要两个人的观点有差异，张某就反对，这让李某的工作很难开展。更难以接受的是，李某不断地听到张某在外面对她的有意抹黑和造谣，如“为人骄傲”“自以为是”“就是一个刺儿头”。

李某很难过，也几次主动去问张某：“我的工作还有哪些方面需要改进呢，您可以直接告诉我。”每当这个时候，张某总是满脸堆笑地说：“没有呀，你的工作开展得非常有效呀，还经常有很多新的想法，挺好的。”

尝试几次，都是这样的结果，但是张某的表现并没有改变，作为部门经理，张某有足够的话语权和传播力，两人的关系于是越来越差，这让李某很愤怒、很受伤。

思考再三，李某决定主动和张某坦白沟通。一如既往，张某还是不愿意承认对李某有什么意见。李某开门见山道：“我们还是坦白一点吧，你在外面抹黑我很多次吧。”张某先是吃惊，继而坦然：“好吧，你没抹黑我吗？”终于，李某把内心的委屈充分地表达了出来，一谈就是三个小时。张某也表达了对自己过往做法的歉意，也表达了想要建立信任关系的期望。

充分沟通之后，李某以为两个人终于可以冰释前嫌了，今后可以逐渐建立起一种健康的关系了。然而，没过太久，张某就通过一些办法把李某调到了另一个边缘部门。

李某已经知道张某是一个伪善的人，还主动坦承内心，后果是不可控的。何况，她与张某的谈话很容易被添油加醋地传播出去，很难确定人们对她的声誉会有怎样的怀疑和指责。

张某有足够的话语权。但李某作为一个新人，声誉的建立、人际关系的建立都需要一个过程，在张某的抹黑中连辩解的机会都没有。

对李某来说，最明智的做法是谨言慎行，做好分内事，低调做人，积蓄力量，有合适的机会就主动避开这样不健康的工作环境。

有锋芒也要有耐心，因为不是任何阶段、任何时间都适合锋芒的显露，更关键的是每一次的锋芒毕露，必须是面对合适的事件，确切而言锋芒毕露必须是有计划、有步骤的。茫然出击的人只会早早地将自己尚未强健的翅膀折断。收敛自己的锋芒有时是一种能力，也是一种厚积薄发的动力。

你扮演好组织角色了吗

身为管理者，你除了与整个组织积极互动之外，恐怕别无选择。管理者在组织中扮演多种角色。身为团队的管理者，请思考你必须扮演的角色。

组织的两个基本特点：第一个是你与其他人相互依赖。没有人能够通过单打独斗获得成功，你会发现你做的每一件事都需要其他人的合作。更头疼的是，其中的部分人是你可以直接掌控的，但大部分人是你控制不了的。你发现自己受到了限制，落入了一个巨大的网络中。第二个是博弈因素的无处不在。尽管大家相互依赖，但各人的需求却不尽相同。这些差别是巨大的，存在于目标、优先权、观点、价值观和利益等各个方面。

此外，组织的资源又是有限的，为了争取资源，你必须不停地谈判和竞争。

保持独立和超然？别忘了你肩负的责任。身为管理者，你必须通过和他人建立一种不断的、相互支持的关系。

作为管理者，你扮演的角色，有点像团队与高层、其他团队或任何外人之间的“缓冲器”。身为管理者，你必须能够处理团队与组织需求互相冲突时的挑战。

简单地说，管理者的责任是将自己的团队与整个组织“连接”在一起，让所有相关部门都能和谐运作。你必须一只脚踏在自己的团队里，另一只脚努力地伸向外面。职权不只赋予你管理自己团队的权力，还要求你代表团队与外界接触。知道怎样扮演好这个角色，正是管理者运营能力的关键要素，也是赢得别人信任所必须展现的关键能力。

公司内不同主体间的冲突更多是良性的、积极的。多样性和冲突也是创造力和创新不可或缺的要素。管理者有责任实现适度的平衡和合理的协商，整合自己团队和其他团队的利益，比如其他职能部门或地区公司的上级或同级。卓有成效的管理者必须寻求有创意的双赢方案，避免搏杀和零和谈判。

不积极参与到组织中，你就不能有效管理

若想扮演好管理者的角色，你就必须要在组织中建立影响力。如果你不能积极参与到组织的运作中，有效发挥影响力，管理者的效能将会大大降低。请想想“不愿意”扮演相应角色的后果：

- 你的团队与其他部门之间的问题，将无法得到解决；
- 团队之间的冲突常常以违背你理想的方式解决；
- 你的团队常会根据不完整或不正确的信息行事；
- 你的团队经常被人误解；
- 你的团队经常受到外力干扰，因为没人可以帮他们过滤、调解或排除外来压力；
- 你的团队经常缺乏必需的资源；
- 你的团队对你倍感失望——身为管理者，你会显得很无能，因为你对下属和他们的工作不够关心，不能提供所需的帮助。

要想在组织中获得成功，你必须拥有影响力。这或许会让你陷入两难境地，因为要建立并运用影响力，你就必须应付组织中的各种人际运作与角力。你不可能只关心自己团队的工作，因为没有任何团队能够孤立地存在于组织系统之外。

特别是在一个有着明显层级的组织中，当你达到一定层级的时候，你不仅代表了个人利益，而且代表了你所在群体的利益。你的行为表现直接决定了你所在的群体能否获得足够的资源和机会，你的失败就是群体的失败，你的成功也是群体的成功。

但很多人仍然不能恰当地理解，仍然把人际网络的构建看作浪费时间、令人厌倦。他们觉得让别人认同的最好办法就是产生业绩结果。

何某和刘某是同一家公司的主管。他们的工作风格和优先级有很大的不同：何某一直在努力建立自己的组织影响力，他花费时间与同事共进午餐，参加合作伙伴的入伙宴，和办公室同事进行非正式的聊天，关心同事们的孩子入学、父母健康等。刘某的关注点则在外部，他花费大量的时间在满足客户以及业务开拓上。他并没有意识到建立内部影响力的重要性——毕竟，他还有一堆文件和工作堆在办公桌上，时间似乎永远也不够用。

这两个人为公司带来的收入大致相同。有一段时间，他们两个人在公司处于同一职级水平。但在短短的三年时间里，何某的进步非常快，他在组织内晋升超过两个层级。而刘某依旧留在原来的岗位上，尽管他有强烈的晋升欲望。

有效履行岗位职责，往往需要把岗位职责和个人喜好区分开来，将自己的个人需求和偏好放到一边，将自己的需求置于公司的管理体制之下。如果每位领导者都将自己的意愿与偏好放在组织之上，工作就会无法进行和完成。

很多行为，如果纯粹从个人喜好出发，没有人愿意去勉强自己做出，但当你处于某一个位置的时候，你需要承担相应的岗位职能，没办法完全遵从个人的喜好。并不是为了推销某个人，而是为了推销你的部门或公司。所以，积极参与到组织中就是你的职责所在。

这并不是说积极的人际互动比脚踏实地、做好工作更重要。你实际的工作表现是成功的基础。但是，当你跃升到一定的职位之后，你的人际互动能力和团队影响力就成了你的重要竞争力。

想象一下自己毫无影响力会是什么样的状况。它意味着你和你的团队孤立无援。

进行重大决策时，如果你希望获得更多的支持，你就必须拥有影响力。影响力不仅能让你得到自己想要的，还能让你在别人都想敷衍塞责时，挺身发声。如果你毫无影响力，就只能屈从或者靠边站。

如果你曾经跟随缺乏影响力的上司，回想一下那时有多么痛苦和沮丧，即使你个人还算喜欢他。但你得不到所需的资源和关心，没人把你或你的团队当一回事。

所以说：你必须影响其他人——那些你没有正式管辖权的人，来达成你和团队的目标。你的下属也依赖你的影响力，否则他们无法安心工作；你的组织也需要你的声音，好让它一直运行于正确的轨道之上。

因此，正确的态度是不逃避组织中的人际互动，积极参与，将这些力量导向正途。在遵循诚实、公平和彼此尊重的原则基础上，你没有理由不去积极与其他人互动，推动组织前进。

积极拥抱和融入组织

将注意力放在对企业有益的事情上，当有心存善意的人反对你达成目标的方式时，不要太惊讶。你只能期望自己有时赢有时输，韧性非常重要。当你输的时候，全力支持最后的决议，别人未来有可能效仿你的风度。

避免愤世嫉俗。组织不是也不该是乌托邦，人性的复杂导致了组织的复杂，没有组织是完美的或理想的。面对组织天生的缺陷，最好的方法就是积极与同事互动，而不是孤立自己。

不要将反对意见视为个人恩怨或变成个人恩怨。我们最需要的就是强韧但却不过度膨胀的自我意识。与反对你的人保持互动，不要预设别人的立场或让你的团队落入敌我意识的陷阱。

记住，组织影响力最终也是建立在“信任”上，需要用心去维系。

依自己最重视的品格标准行事。诚实、率直、开诚布公、可靠和诚信，即使别人不按这套标准行事，你仍然要忠于自己的内心。

善于发现组织中技能高超的人。研究、仿效他们的做事方法。如果可以，直接找他们讨论问题，表达你的钦佩，寻求他们的建议。

做到这一切并不是一件容易的事。在你建立或运用影响力的过程中，有时你会倍感压力，甚至被迫做出违背个人信念的事，有时你会觉得被别人误解。你得做出权衡，有所取舍，甚至为了顾全大局而带给别人一些小的伤害，例如，拒绝某位同事的合理请求。但在做这些事情的时候，你仍应该心存尊重，力求诚信。

身为管理者，你不可能自命清高，逃避组织中必然的冲突与妥协，同时还能获得进步与成功。最好的方法就是积极、主动拥抱所处的组织，以诚信、尊重的态度及纯正的动机，来完成有意义的目标。

塑造影响力

要想在公司成为话语权强、值得大家尊重和信任的人，以下三个方面是缺一不可的。

1. 改变狭隘的思维方式

改变狭隘的思维方式，从更高的层面、更广的视野看待个人影响力。不要只盯着自己的一亩三分地，认为只要自己在本部门、小团队当中受人尊敬，有权威就行了。

这种想法是错误的。你的视野应该放到更广的位置，这样才能在整个公司中为自己积攒起较高的人气和影响力。

2. 对自己的行为负责

勇于对自己的行为负责，这是因为当你将自己的手“伸到其他人的碗里”时，就一定会和你的同事、平级的合作伙伴发生关系，并且很容易产生冲突和矛盾，一些不成熟的领导者就会在出现问题时给自己找借口：“这个跟我没关系，这不属于我的职责范围。”“其实本来我就说了不要操那么多的心，你看，现在搞砸了吧？”此时的推卸责任，是最会损伤你和同事信任关系的一种行为。

3. 扩大自己的影响圈

何谓关切圈和影响圈呢？

> 关切圈——所有个人关切和担心的事情；
>
> 影响圈——一个人所能影响到的事情。

你在公司中的职位，你的家庭背景，学历状况，其他部门领导对你的了解和信任，你对于专业知识及公司业务的熟悉程度，你和公司同事的信任关系，等等。

在这些因素当中，有一些可以被归纳到关切圈，有一些属于影响圈。比如，你生在什么家庭、有没有受到良好的教育，这些都属于关切圈的范围。

也就是说，虽然它们和建立你的影响力有关联，但是它们都是你无力改变的，无论你喜不喜欢、高不高兴，它们都既成事实了，所以就算你再关切、再重视、再计较，也对它们无能为力。

在这里，你真正能够改变的，是那些在影响圈中的内容，你虽然不能改变自己的出身，但是完全可以通过自己的努力，积极主动地和外部门的领导、同事们多接触、多交流，逐步加深别人对你的信任和了解，从而和全公司的人建立起信任和谐的关系。此时你一定要改变狭隘的思维方式，不要觉得这件事不归我管，就一概不处理，尤其是当外部门的合作伙伴向你寻求帮助时，更要显示出团队合作的精神。

此外，永远要对自己的行为负责，做事要有担当，绝不推卸责任——这些优良的品质在跨部门的合作中尤其重要。你只有坚持不懈地做好这些，才能逐步提升自己在整个公司中的知名度和口碑，并最终打造出属于你的个人影响力。

第十三章

认知升维七：文化融入力

公司是一个庞大的网状结构，每个人都处于这张网的某一个节点，互相依存又相对独立，你做的任何工作都对公司里的其他人以及能够促成工作成功完成的人有影响，因此你所做的工作必须最大限度地被人所接受。

接受不完善的公司

有人对自己所在的组织抱有不切实际的想法。这是因为他们更愿意相信这个世界是公平、公正的，每一个人都会得到他理应得到的东西。他们总认为，公司的环境是合理公平而有秩序的。他们注重工作结果，认为只要对工作热心、敬业，就能靠近自己的职场目标。但事实并非如此。

公司都是由人创建和组成的，所有人都追求自身的安全和满足感。公司本身不做决策，做出决定你职业发展命运的决策的是人。是人就会有不同的喜好和偏见，这就在某种程度上造成了公司决策的不可预见性。

不是每次的人员晋升都是以能力为依据的，不是每个决策都基于对事实的充分理解，不是每个人都值得信任。

有人相信这个世界是公平的，因而没有注意到所处环境中的各种陷阱，这些陷阱会对他们的职业生涯造成打击。

同样一个人，性格强势、工作投入，如果顺利晋升的话，人们就有可能放大他的性格闪光点：有人格魅力，有气场，目标明确、行动果敢。如果没有晋升，那么他的这些特质就有可能是情商低，合作意识差。

不少人不会把自己的成功当成是幸运，而是看作自己的人格魅力、实力担当使然；把别人的失败看作对方的性格缺陷、实力欠缺导致的。

在晋升的时候，存在很多零和竞争。大多数公司都只有一位首席执行官，大多数专业服务企业只有一位经营合伙人，每个学校只有一位校长，显然你很清楚这是一种什么样的情况。总是有更多的合适人选在为组织阶梯中的每一步台阶而竞争，这种竞争非常激烈，而且越往上，管理职位就越少，竞争也会越来越激烈。

不要抱怨生活是多么不公平，或者你的企业文化有多么不健康等。无论是在你现在工作的地方还是在新的地方，你都有责任和潜力来改变自己的处境。

不做闯入瓷器店的大象

进入一家企业，就要适应它的文化，即价值观、标准和思维方式。从聘用那一刻起，企业所选择的就是符合标准的应聘者。但聘用企业宣称的条件和现实情况之间存在极大的差距。

一个公司的待人处事、工作流程的安排等，都早已在老员工那里形成了“不成文的规定”，当你在一个文化背景下所形成的认知与公司或是其他背景的认知不一样时，你的领导能力也许就不会得到认可——这是你领导身份成长的重要因素之一。如果得不到认可和支持，你的工作会很难开展，你的挫败感也会越来越强烈。

1. 客观评估工作环境的健康情况

判断你所在公司的相对健康情况时，建议你参考以下这10个特征，这些特征涵盖了大多数公司都会具有的突出优势以及明显弱点。

1. 有趣的目标：除了实现财务目标，员工是否认为公司的存在还有其他重要原因？

2. 值得信任的领导层：员工是否信任领导层，支持他们领导公司？

3. 清晰的目标和预期：员工是否知道公司对自己的期望以及自己的努力在实现战略性商业目标上所起的作用？

4. 足够的技能和资源：员工是否认为自己具备应有的技能和资源，可以做好自己的工作、实现既定的目标？

5. 充满活力的环境：工作环境是否有助于员工在工作日中保持精力充沛、斗志昂扬？

6. 无处不在的高效率：是否所有的员工都保持较高的工作效率，在大范围内可以公平分配工作量，不会有员工因为能力出众或有义务而承担较多工作？

7. 愉快地投入：每天工作时，员工是否真正地投入其中，有快乐和兴奋的感觉？

8. 团队合作精神：在需要帮助时，员工是否感觉自己可以依靠公司中的任何一个人？

9. 奖励和认可：员工是否认为公司给予的奖励和认可有

意义并且公平、客观？

10. 发展机会：员工是否认为自己在公司里有成长和发展的机会？

如果你能够客观评估工作环境的相对健康情况，那你就会更容易理解自己公司的文化。以上强调的10个方面为你提供了一个非常好的思考框架，思考哪些方面的文化比较强，哪些方面还需提高。很多公司都会投入大量的时间、精力和资源来为所有员工创造健康、高效的工作环境，就像一个人努力保持最佳的健康状况，公司也总是在监控自己的“生命体征”。它们明白，跟大多数人生病一样，公司疾病也在不知不觉中慢慢发生、恶化。

随着深入了解某些常见的公司“疾病”，我们需要考虑这样一件事，在一个特别健康的公司里脱颖而出的机会反而较少。如果一切进展顺利，每个人都积极向上、工作高效，受到公司使命的激励，那这个公司非常适合我们工作，却不利于我们脱颖而出。但当一个公司有“问题”时，根据应对挑战的方式，你就有了把自己与其他人区别开来的机会。

2. 接受你无法彻底改变这种文化的现实

不要期望公司文化适应你，你应该调整自己以适应文化。在这种文化下，第一个成功的关键就是理解它、研究它。学习公司的历史，与老员工聊聊“过去辉煌的日子”。不断去了解内部语言、习惯和已经在这种文化下熏陶了几十年的人们的思维模式。

很多管理者一上来就想要彻底改变公司里某些根深蒂固的文化因素，但这种想法只会阻碍他们的职业发展。最好的选择还是先充分了解这种文化，再逐步去改变。不要和群体的巨大惯性对抗，要尊重 / 顺应 / 利用群体的巨大惯性。当然，这并不意味着你自己要被任何惯性绑架，而是要让自己保持较大的灵活性。人格弹性的重要性在此就体现出来了。

总的来说，只有一种情况能够改变公司文化，就是外部事件的戏剧性转折对公司的生存造成了严重的威胁。当生存危机要求公司做出根本改变时，改变才有可能会发生。

任何地方都有自己独特的文化习惯和沟通方式，假如人们想要更有效地开展工作的话，必须以了解公司文化为首要任务，懂得入乡随俗，不要让自己成为一头在瓷器店横冲直撞的大象。

要改变一个组织的文化，是一项艰难的事业。简单否定现有文化然后重建并不是明智的选择。人们以及组织，对于一次能够吸收的改变是有限度的。你的组织可能有一些你想要打破的根深蒂固的坏习惯。但是我们知道，一个人想要改变习惯性的模式都是非常困难的，更不用说面对的是一群相互影响的人的集合。

多一点耐心，多一些弹性。

让问题发酵一下

就一个企业而言，不完美、存在问题是常态。只要在正确的目标牵引下向前，过程中的问题都将不再成为问题。企业的问题永远解决不完，管理者千万不能有将所有问题解决的想法。

管理者一旦养成了盯着问题不放的习惯，就可能染上“管理近视症”，陶醉于局部最优而罔顾了全局。

未雨绸缪是解决问题的一种方法。而在其他一些时候，解决问题的有效方法不是马上去做，而是让问题继续发展下去、继续暴露，让其结果充分地显现，形成让更多人无法无视的结果。太多时候，当问题萌芽的时候，我们大声疾呼，奔走相告，却收效甚微，而一旦问题发展到让人无法忽视的地步，更多人关注了，往往解决起来更容易。

刘某是某保险公司市场部经理，其所在的公司市场份额在当地排第一位。从 2019 年下半年开始，刘某及其所在的部门就开始关注竞争对手的产品动态，了解到对手最新推出的一款年金型保险非常受客户欢迎，销售势头强劲，对市场形成了较大的冲击。刘某迅速在公司提出尽快开发同类产品，以应对市场竞争。

研发部马上提出反对，原因是人手不足，现有开发项目的排期已经到明年了，难以再增加新的项目。财务部提出：开发新的产品要增加新的资源投入，目前的财务预算难以支撑。相关部门都不太支持。公司管理层也是一种观望的态度，认为公司的市场份额目前还是第一位，应该不会产生什么影响。无奈之下，刘某只好作罢。

然而到了 2020 年第一季度，公司市场份额已经出现了较大幅度的下跌，虽然还是市场第一，但同比下降了接近 3 个百分点，出现了近年的新低。从管理层到各部门马上如临大敌，反复开会、反复检讨，把反击的方向锁定在了新产品开发上。同年前刘某的提议一模一样，成立了由高管牵头、相关部门协同的专项组，主攻产品开发。结果，原本需要半年才能面市的产品开发周期缩短到了两个月，面市之后迅速弥补了该公司的产品不足，实现了较高的销售额。

有时候很多很难解决的问题，解决的办法就是让问题发酵并等待资源支持。刘某在事情的处理中，尽到了自己的本分，发现问题及时提出，在无法得到解决的时候，也能够接受现实，没有因自己的提议不被重视而表现出愤怒。

事物的发展有其自身的规律和特点，如果在初始阶段就能有效化解，当然是最好的，付出的解决成本最低，也是最符合企业利益的。但难以达成共识，发展到了一定阶段，成了不得不解决的问题，有时却能够获得最大的资源支持进行解决。

常用“我们”的思维

管理者在职场的调适能力，包含了处理复杂人际关系的技能。具备优秀调适能力的人员会积极地处理各种群体关系，也知道在特定的情形下，如何施加个人影响力。他们即使没有很高的职权，也会通过施展非权威影响力，为自己的观点和想法找到关键支持者，寻找对双方都有好处的地方，然后一起努力达成合作目标。

这里面有两个关键词大家必须牢记：核心诉求 + 共同利益。学会用“我们”的思维，而非“我”的思维，是实现和谐高效的跨部门协作的出发点。关系虽然很重要，但是维系支撑职场关系的说到底还是“共赢”。经常问问自己：在我正在要求大家共同做的这件事里，我的诉求是什么？别人的诉求是什么？我们共同的诉求又是什么？

某童装销售公司，规模中等，公司的童装以款式新颖、面料环保而著称，市场销售份额一路走高。该公司的销售模式是依靠电商平台做营销推广，随着近年直播平台的蹿红，销售部门认为要抓住机会，在直播平台利用流量推动销售份额，其中一个重要的诉求就是增加营销推广费用。而财务部则认为，额外增加费用投入会影响公司的成本收入。市场部认为财务部头脑僵化，不了解市场。财务部则认为市场部只知道花钱，不懂得经营。双方僵持不下，互不服气，投诉到了公司总经理冯某那里。

冯某听了两个部门的意见：市场部关心的是销售和机会，财务部关心的是成本和经营效益，大家都没有错，是否可以这样：财务部根据市场部的销售情况，在销售份额上升的情况下，同步提升营销推广费用。如果市场部增加了投入，同步也有收入体现的话，财务部担心的问题也就解决了。

两个部门都觉得这样比较好，符合各自的问题关注点。

首先，市场部和财务部从头到尾都是站在“我”的角度而不是“我们”的角度来思考问题，两个部门的诉求点不同，请问对方凭什么要为了满足你的诉求而牺牲自己的利益呢？你在考虑你的诉求时，为什么不能想想对方关注什么呢？其次，把关注点和发力点都放在问题本身，努力寻找双方的共同利益，然后寻找办法去实现它，这样别人才愿意配合你、支持你，而不是把自己和跨部门的合作伙伴对立起来。

只要稍微改变一下思路，一些原本看似无解的问题，就立刻搞定了。既然这是整个公司的战略性项目，那么公司的管理层肯定会重视，因为这也是他的诉求和核心目标。所以，他没理由不支持这个项目。关注问题本身，用共同的利益来引导他人的配合，那么事情的解决就容易多了。

第十四章

认知升维八：弹性复原力

职场充满不确定性，每个人都可能遇到职业发展的瓶颈期："卡"在某一个位置上不去，错过本该有的晋升，或者遭遇领导力的危机。你会忍不住怀疑自己。看看下面几个例子：

- 在3个月的时间里，一名中层经理的两位下属接连辞职。人力资源经理告诉这位中层经理，在离职面谈中，每个人都说他就是他们离职的原因。
- 一位部门主管非常沮丧，因为她没有被晋升为副总裁，她认为自己有足够的资格胜任这个职位。最后，首席执行官告诉她原因：其他副总裁认为她不合作、做事充满争议。他们只是不喜欢和她一起工作。
- 一位热门的新晋领导者刚刚通过第一份360度反馈评估，当读到别人认为他"傲慢"和"令人讨厌"时，他震惊了。
- 一位资深高级合伙人负责进行合伙人管理。在采访了她的前雇员之后，评选委员会决定不给她升职，因为她没有"关注下属的成长"。

每一种状况都可能会打击我们，事实上，不要说升职，维持现有的工作都似乎成了困难的事。

做领导并不是件容易事，在担任领导的初期阶段，很多人会犯错，做出不恰当的决定。你会通过做错事来学习如何做正确的事情。最终，如果你能够从困境中学习，你就会获取更多智慧，并为你的职业发展带来价值。

当头棒喝的四个阶段

在职业生涯中，几乎所有领导者都会遭遇现实的“当头棒喝”——当然笔者是说精神上的，这是领导生涯中不可避免而又至关重要的一环。如果选择从经验中吸取教训、学习成长，你首先要搞清楚现在的自己是什么样的领导者，并明确自己的成长目标。在此过程中，你会遇到让你难堪的窘迫之事，体会到不确定感带来的惶恐与不安。

阶段一：舒适的无知。

在被“棒喝”之前，你对自己的行为视而不见。生活是如此顺畅，你根本无法预料即将到来的打击。在这一阶段，你常常充满信心，顶着滤镜看自己。你认为自己是称职的、清醒的，对即将发生的一切一无所知。

阶段二：意外的疼痛。

“棒击”带给我们巨大的疼痛，将我们踢出了舒适区。这其中有个规律：你之前的滤镜越厚、自我感觉越好，挨打的时候就会越疼。“棒击”通常会引发恐惧、愤怒、抗拒，或者压抑。这些情绪往往会导致防御姿态和过度的自我肯定——他们竟然如此指责我！

阶段三：改变的选择。

刺痛渐渐平息，你面对的只有两个选项：拒绝或者接受。下文我们会深入探讨这一阶段，因为这是四个阶段中最关键的一个。

阶段四：谦逊或者傲慢。

这取决于你在第三阶段作出的决定，第四阶段会表现出愈加傲慢或者真诚的谦逊。如果你不断告诉自己，你所承受的一切都是不公的，你的自我正义感就会越来越强烈。如果你从疼痛中吸取教训，并据此进行改变，当你走出这段令你不开心的事件时，你会变得更加冷静、谦逊和脚踏实地。

我们来重点探讨一下第三阶段人们的选择。因为领导者是否能够妥善应对现实的教训，对他们的未来工作效率、影响力，以及更长远的职业发展，都会产生影响。实际上，这一个教训很可能成为他们职业生涯的转折点。

你在阶段三面临着重大抉择——接受或者拒绝改变。你所做的选择会转化为你在阶段四的行为结果，会决定“当头棒喝”对你是有益的还是无益的。

1. 防御 / 抗拒

防御姿态是一种典型的心理转移策略：面对工作中的苦和痛，为了保护你自己，你会将一切责任都转移到他人身上，认为自己是不公的受害者。如果你选择采取防卫姿态，不从“棒喝”中吸取教训，这一举动只会强化你的自我正义感。你会愈加无知，更加坚决地拒绝改变，而这些行为将会在之后的职业发展中变得更糟，可能会变本加厉，更加傲慢。

防御 / 抗拒是人们面对威胁、恐惧时的反应。突如其来的一棒伤害了你的自尊心、满足感，以及自我认同感。这时，你的自我开始履行它的本职工作——在第一时间张开防御姿态保护你。它会扫描你的记忆，寻找一切可以让这种情况无效的证据。“你们怎么能这样对我！我会告诉你们错得有多严重！”这是常见的反应，其他反应还有：

- 这不是真实情况，因为……
- 好吧，我这么做是因为……
- 不，你！你才是该被指责的那一个！
- 但是，我不是唯一这么做的，那谁和那谁谁比我做得更过分！

你的自我处于防御模式全开的状态，它会不断提醒你，你是被误解的。你拒绝接受外界的“苛责”，坚持将自己的“正确领导方式”贯彻到底。现实给的教训，并没有转变为宝贵的经验。

拒绝接受现实、拒绝学习成长，就好像努力将充满气的气球压在水底一样，最终只会崩溃。

2. 接受 / 改变

这是身处第三阶段的另一种选择，这种选择需要更多的时间和精力。因为这种行为对自我来说是“不舒服的”。你必须承认，是自己搞砸这一切的。你的心态要从“我是被误解的”转换为“是我错了”。

简而言之，你必须先承担起自己的责任。被当头狠狠一棒，震惊与羞愧是必然的反应，这是领导力过于强势或过于软弱带来的必然结果。当你意识到是在自食其果时，耻辱感会从心底涌起。

- 对领导力来说，做错比做对容易得多。
- 对领导者来说，最大的敌人就是自己。
- 并不是每个人天生都可以进行领导，但是可以通过学习增加领导力的影响。

我们不但应该接受这些磨难，还要把它们看作前进的动力。虽然我们或许没有主动选择它们作为自我的一部分，但它们已经在那里，除了承认它们的存在，我们还能做什么呢？

没什么能比封闭式思维更能抑制领导力的增长。当自我反省能力关闭时，责怪他人或为自己的错误寻找借口，这些是遇到麻烦时的常见反应。拒绝往往比接受更加普遍，太多领导者仅仅为了守护个人形象，白白丧失了个人成长的机会。

想成为一名更优秀的领导者，这意味着你必须放弃固执己见，必须采用新的思维方式。

在困境中成长

成长是痛苦的，如果你愿意，困境可以让你的领导风格变得更加真实、踏实、有效。如果你一直坚持从失败的经历中学习，你就会成为一名更强大、更自信的领导者。

1. 关注你的目标

你想成为什么样的人？你想成就怎样的职业前景？你想留下怎样的个人印记？如果你不知道自己的目标是什么，你又怎么成为一名优秀的自我领导者呢？将注意力集中在你的未来上面，需要一定的时间和努力。

不做计划地度过职业生涯，这样的方式更加轻松容易。但是，如果你没有时间去决定你的未来，那么谁会帮你决定？如果你等待外力来改变你的职业生涯，那可是充满变数和遥遥无期的。

在你的领导力生涯中，摔几个跟头只是一瞬间的事情，你更应注意它带来的积极改变。把注意力放在职业生涯的最终目标上，而不是放在走过的弯路上。要有更加长远的眼光，不要总是纠结在具体工作职责中，花时间去仔细思考自己的职业生涯“大局”，利用每份工作获得更大的长期成功。

当你主动选择时，你要问自己一些关键问题，这些问题可以改变你的整个职业生涯：我真正想要的是什么？我目前的职位能够引领我到那里吗？为了达到我的最终目标，什么样的短期、中期和长期职业战略规划才有意义？

2. 展示你的勇气

正视现实、接受批评，这也是勇气的一种形式。勇气并不存在于安逸舒适之中，当你发现你的内心在流泪，你的喉咙好像被堵住，你的掌心满是汗水时，你的勇气正在发挥作用。遭遇打击的最初，可能会让你感觉到痛苦和脆弱。你需要勇气让自己接受这些感觉，你要勇敢面对那一击带来的痛苦与不适，控制你能控制的。

很多时候，遭遇打击是我们无法控制的：我们无法选择被谁打击、什么时候被打击，或者打击的力度大小。但是，如何应对则完全在我们的控制之中。不要浪费时间在评判他人上。相反，你要拿出一张纸，列出你自己的原因。要对自己诚实，这样才能避免类似事件的再次发生。

一位拥有强大自我且勇敢的人才能说出“我错了”“我搞砸了”，或者“这都是我的错”。这些话语拥有的强大力量，不仅让你自己卸下了武装，还产生了一种人性的强大吸引力。

3. 善待自己

有的人遭受打击时，他做的第一件事情就是责怪自己。这种反应可能是自然的，但它对你没有好处。

你可以把事情搞砸，因为你并不是完美的。偶尔生气、发怒、表现得不理性，这些都是正常的，所有这些都是你身为人类的证明。如果你打算坚持下去，东山再起，你就必须停止责备自己，不要再对失败抱有负罪感。

停止以受害者的心态去看待问题时，你就不会将你的经历定义为负面的。相反，你会将生活中的每一段经历，都看作学习、成长的好机会。每一件发生在我们身上的事，不管是积极的还是负面的，最终都会让我们学会一些非常有价值的东西。

如果你想成为一名优秀的管理者，就要对自己好一些。越是遇到沉重的打击，越是要腾出时间来娱乐、锻炼，成为更好的自己。

在舒适区，你不会得到成长。从成长、进步到质变，这一切都是在不适区发生的。失败过一次，你觉得越不舒服，成长的效果越好。

失败是一件事，而不是一个人。你不能让失败来定义你，但你应该让它来帮助你塑造自己和领导方式。

从僵局中脱困

无论你的目标多么有意义，你工作多么努力，几乎每一个人在职业道路上都会遇到障碍和挫折。重要的是，面对不可避免的障碍，你应该如何应对。

如果你也陷入了困局，不妨以更大的格局来看自己。我们驶离航道或是犯了错误或是丧失了初衷，但我们永远可以重新开始。

你认为事情的发展自己无法控制，自己是事件的受害者？还是你认为自己应该为发生的事情承担部分或全部的责任？如果类似的情况再次发生，你能采取什么不同的处理方法？你会采取什么不同的做法？

在饮水机旁抱怨工作太痛苦，或者在办公室开设一个“吐槽大会”，只能让我们有暂时的志同道合之感，却不能促使我们或他人去发现意义。有人认为工作既没有意思又无法让人产生成就感。这种想法对我们影响很大，使我们无法找到工作的意义。一旦抱怨变成一种习惯，我们就会习惯性地认为工作毫无意义。要不了多久，我们就会更加怨天尤人，最终失去所有宝贵的机会，体会不到工作经历其实是生活中丰富多彩的一部分。

我们不仅没能利用时间去发现意义，反而在工作和生活中频繁抱怨。抱怨时，我们切断了与别人的联系。抱怨时，无论我们抱怨的是什么事情，也不管我们抱怨的是谁，我们都会把抱怨对象当作自己的挡箭牌。这样一来，我们就会永远陷在受害无助的状态中不能自拔。

终生一帆风顺的人屈指可数。大部分人都会遇到这样或那样的挫折。生活中既有成功也有失败，然而只有在失败中我们才能发现重大意义。只有通过发现意义，我们的失败才能变成财富。只有把失败转化为有用的东西，我们才算取得了真正的胜利。

不要再为失业或失去一次升职机会伤心痛苦，相反，我们应该对自己和别人给予同情和谅解。失败的实例为我们提供了深刻的教训，给了我们正视自我的机会，看清自己的长处和缺憾。

“顿悟”时刻

变化是不可避免的。然而，还是有不少人孜孜不倦地在生活中寻找“稳定”。因此，培养个人韧性，培养从变化中迅速恢复或快速适应变化的能力，比努力控制生活中的活动或事件要重要得多，而且能更有效地减压和发现此刻生命的意义。

看电影的时候，我们都很欣赏电影里的奋斗场面，却不想自己在现实生活中去进行同样的奋斗。试想一下，如果一部电影故事只讲美好的时光，那么我们很有可能认为这部电影很无聊、很平庸。

当从人生的一个阶段走向另一个阶段时，比如毕业、搬到一个新的城市、改变工作或职业、退休……许多人都会面临调整生活状态和生活态度的双重挑战。所有人生的转折阶段都是我们成长和发现意义的契机，这和盲目遵从习惯的做事方式、回到舒适区的做法正好相反。

人往高处走，人类根植于内心的攀登本能，让我们每个人都成了人生的登山者。我们都希望自己不断改变，并且每一个变化都能将我们推向更高处。

不可否认，意外情况会扰乱我们的日常工作或生活，但是如果我们能够积极发挥创造力，便能走向新的人生巅峰。意外的出现虽然会导致我们从山峰跌入谷底，但是眼前的困境却能大大激发攀爬的欲望。

如果你总是循规蹈矩、按部就班、拒绝创新，你会越来越擅长墨守成规，你将在陈规陋习的泥潭中越陷越深。

创造力常常孕育在混乱中。

研究人员给受试者提供三个词语，受试者则需根据提供的词语编一个故事。有时候，三个词语的联系很明显，比如“牙齿、牙刷、牙医”，或者“汽车、司机、公路”，但有时候，所给的词语却毫不相干，比如“奶牛、拉链、星星”，或者“甜瓜、书本、惊雷”。实验表明，所给词语之间的联系越模糊、任务难度越大，受试者编的故事就越具有创意。

现实会让我们有很多机会挨“巴掌”。这样的“巴掌”我们可不想挨，但是打下去的“巴掌”，有时却会让我们获得意外的力量。生活中到处都有这样的“巴掌”，它转移我们的注意力，迫使我们向新方向前行。它提供了一种新的视角，当你再次出发的时候，你的姿态是全新的。

所有的经历都能让你更好地认识自己，所有的经历都是有意义的。如果你能回过头重新审视一下，你就会发现，最艰难的时候也是成长最快的时候。所有的经历，不管表面上看是积极的还是消极的、愉快的还是悲伤的，都为我们提供了很好的个人成长的机会。

人生的妙趣在于享受某种程度的风险。一个人既有春风得意时，也有艰难困苦日。这是我们选择承担风险，经历各种成功与失败的印证。

每天在同一时间起床，在同一时间上班，平淡无奇，很平坦，也很无聊。希望你度过的不是平坦而无聊的人生，而是经历过成功与失败，既有巅峰也有低谷的充实人生。

我们很难控制自己寿命的长短，但却可以改变自己所能感受到的生命的长度和深度。平坦顺遂、不过不失的人生如白驹过隙，而大起大落、跌宕起伏的人生则更加充实绵长。

就这种意义而言，我们不妨把大挫折、伤心事看作令人生更加丰富的重要因素和助力。一个意料之外的情况可以帮助人们认识到自己行为的负面后果，使人们质疑自己的自我形象，激励着人们去改变，迫使他们重新评估自我形象，意识到自己行为与自我形象相冲突，最终产生想要实现重大转变的想法。

摆脱反刍式思维

过度的自我反省，难以走出过往伤痛的体验，脑海中反复上演曾经的悲剧。每回想一次，你就会再痛一次。这种不停回想过去的错误并深感懊悔的行为，就叫作反刍式思维。

在回想中会反复责怪自己，会想起一切不被别人察觉的细节，然后反复地对那些已无法挽回的定局深感痛苦，让自己陷入“如果当初……”的懊悔之中，不能自拔。

反刍式思维来自“反刍动物”这个词。比如奶牛、山羊、绵羊、鹿等纯粹靠吃草来维持生命的动物，它们需要将半消化的食物从胃里返回嘴里再次咀嚼，以此摄入充分的蛋白质。为了满足这一特性，反刍动物的胃在进化过程中逐渐变得特殊：食物被咽下去之后会进入第一个胃里进行“预消化”，然后再返回它们的嘴里咀嚼，最后再咽下去，这次食物才会到达真正可以消化的胃里。这个过程被称作“倒嚼”，是反刍动物们为了维持生命而进化出的特技。

如果人类也采用这种方式来倒嚼自己的惨痛回忆，可就不是什么好事了。

在深陷反刍式思维当中时，你可能会觉得自己是一个深思熟虑的、深刻的人，这么做能够避免未来再犯错误。你甚至会觉得自己“活该难受”，因为当初就是自己能力不足才导致了今日的失败。

事实上，作为人类，在倒嚼自己的回忆时，你已经无法再获取任何“营养”了。这种做法除了让自己的心灵再一次受到伤害之外，没有别的用处。你在脑海中重放的那些记忆甚至会偏离事实，你可能只是在“自说自话”而已。

你越习惯于自责，你整个人的状态就会越糟糕。一旦反刍式思维占据了主导地位，你的大脑便会留下自责的阴影。时间一长，自责就成了你的思维定式，只要这个世界有一点风吹草动，你就会立刻反省自己是不是做错了什么。“我刚才说了什么？”“她会怎么看我？”“为什么我是个如此差劲的人？”“我什么时候才能有点长进？”“我到底该怎么办？”诸如此类的问句经常会在你的脑海里炸开花。

我们每个人天生就有很强的适应能力，不会把任何烦恼长时间记在心上。我们的注意力很短暂，兴趣广泛，无论做什么，都会全身心地投入。假如有人拿走了我们的玩具，或者吃了我们的糖果，大部分人都会本能地“想点儿别的什么事情”。也许会发一会儿脾气，但不会持续太长时间。

正常情况下，我们不会紧抓某件事情不放，或者对错误念念不忘。相反，我们很快就会开始新的冒险，总有很多更有趣的事情等着我们去想、去做。

长大以后，这种能力却似乎消失了。我们学会了深思熟虑，这种做法对我们当然很有裨益。但是，如果我们痴迷于思考，对负面消极的东西念念不忘，思考对我们就有害无益了。

另外，反刍式思维会阻碍你的蜕变之路。因为你的眼光还是只放在过去，而不是面向未来。而且会让你经常陷入沮丧的情绪，无法乐观地面对问题。

我们总是会因为自己不够完美或达不到别人的期望而不断地自责，我们似乎相信，只要我们苛刻地谴责和残忍地对待自己，再加上充分的反省，便可能会从这样的处罚中成长。

一个过于自责的人即使想出了解决问题的办法，他也可能仍旧沉浸于自责的状态里，迟迟不敢做出行动。

更糟糕的是，大多数被反刍式思维左右的人基本上也想不出什么应对方法，因为他们已经完全被困境裹挟了，能量停止了自由流动。

反刍式思维会让你误以为自己在做一件很有建设性的事，你觉得反省自己是避免未来犯错的必要行为，这反而给了你继续自责的理由。但事实是，你越是自责，你的身体就越难以摆脱这种让你痛苦的习惯。

进入领导层之后，你需要看起来更自信、更果决，而反刍式思维则会毁了这一切。

如果你中了反刍式思维的毒，不妨内心提醒自己这句话："哼！奶牛才反刍呢！"

就像一只"橡胶猫"快速复原

当职业生涯中有糟糕的事情发生时，管理自己的心理状态和情绪状态可能是最关键的任务。

当陷入职业困境时，很多人的第一反应是吃惊和呆滞：不确定应该做什么，感觉困惑和不确定，经常会花很大一部分时间在拒绝、沉思和绝望的讨价还价上，有时还会惊慌失措。

大多数人等待很长时间才开始行动，并且采取的行动也远远不够。然后，当尝试做的事情没有效果时，他们又开始停滞不前，重新陷入诧异、多虑和呆滞的情绪中。

> "我像一只橡胶猫一样。"某世界500强公司的一位总裁告诉我。他跟我讲述了他所经历的一系列可能会就此结束他的职业生涯的商业上的失败和失误，"我至少有九条命，

因为我总是能迅速恢复，再次站起来”。

“橡胶猫”有什么特点呢？身段灵活，具备弹性，迅速复活，即时行动。一时片刻的状况并不会支配你未来的发展或是别人对你的看法。

衡量一个人成功的标志，不是看他登到顶峰的高度，而是看他跌到低谷的反弹力。心理学上管这种反弹力叫心理弹性，是一个人对变化环境的调控和适应度。当职业灾难突然袭来时，问自己的第一个问题应该是：我能够做什么？不要以你应该做什么开始，而是以你能够做的所有可能性开始。

你应该清楚地、有意识地对所有可能的行动进行全面思考。你是否可以改变、调整或影响这件事？在那些存在很多种可能行动的情况下，快速评估你的可选项，采取大量行动，保持积极态度，设定具体目标。

如果行动失败了，从中吸取经验教训，然后尝试另一种行动。如果还不成功，总结更多经验，再尝试第三种。

只要你知道自己可以以积极的方式影响整个负面事件，你就要坚持以行动为导向。而且，你的行动应该是：

- 快速的；
- 有针对性的；
- 大量的。

当决定要以行动为导向时，你最好先试着列出你能想到的所有可能的行动，然后选择那些最可能让你获得结果的行动，但是也要保留其他可选行动。这种做法的效果很明显，因为它强调了你对当前局面有控制权，有很多选择。你可以做一个理性的、客观的决定，如果有需要，你要有其他备选项来供选择。

当然，不是你努力的所有事情都会成功。如果一个行动没能让你得到想要的结果，尽快尝试另一个行动。从错误中吸取经验教训，但避免过度思考。如果你将太多的时间和精力放在分析某些行动不成功的原因上，那你就会失去行动的动力。

不完美、失败和体验人生的困境是无可避免的事情，所以当我们面对痛苦的经验时，不妨温柔地对待自己。千万不要因为生命达不到你预期的理想而气恼。

成年人的世界里，哪有什么容易的事，都是百炼成钢。所有的工作都会让人紧张，所有的职场生活都有挑战、冲突、压力、挫败或是片刻被掏空的感觉。职场上的快乐来自我们对抗一路上层出不穷的障碍的能力，并且有能力在失败后站起来，从错误中学到教训，做出必要的调整和修正，以及最重要的——重新开始。

这就是所谓的“弹性”。不管你遇到了什么样的事情，都可以将挑战视为成长的契机，增加我们的觉知，并且更能容忍和接受未来的挑战。

让我们精疲力竭的一个原因是，我们遵循了一个错误的信条，那就是控制一切：我们必须对同事、上司和工作成果有更大的控制力。只有当你不断碰壁的时候，才会明白这是怎样的一个错觉。

当我们不断地累积对自己工作上的责难时，我们也许会自问："我能不能控制这样的状况？我要怎样才能阻止这件事情发生？"结果往往是，我们无力阻止这些突发的意外事件。

每一份工作都会有挫折、失望和失败，比糟糕的事情更惨的是我们消极地看待糟糕情况的视角和思考模式。试着把这样的习性改掉，试着把目前的情况看成更大、更丰富的人生格局中的一小片拼图。无须将所有错误揽在自己身上，重新开始就好。

失败是更有智慧地重新开始的机会。

不做"情绪回声"

当你无能为力时，应该做什么？你起码能控制一件事，就是你的思想。生活可以搞砸你的工作、你的晋升、你的任何东西，但它无法打败你的思想，除了你自己。

你可以自己选择对人和事的情绪反应，而不只是单纯地对困难局面做出自然反应。大多数人都只是"情绪回声"，他们的感觉只是对生活中发生的事情做出的反应。当有人对他们不友好或粗鲁，他们会生气或受伤；当有人取笑他们，他们会感觉尴尬、受伤和生气；当突然失去工作，他们会感觉悲伤、失落和恐惧。

当坏事情发生时，情绪回声是感觉很糟糕。这合情合理，不是吗？

按照笔者的经验，成功的职场人士会有不同的看法。当他们无法控制事情的发生时，当不存在"大量的"可行性行动时，甚至任何行动都无济于事时，这些人仍然知道他们至少能掌控两件事情——他们看待这件事情的视角及他们的情绪反应。

这些人会自问“什么样的情绪反应对我最有利”，然后他们会调整自己的视角以实现那样的反应。这些人的情绪反应是曲子，而非回声。他们会选择“情绪歌曲”，在对事件做出反应时“歌唱”。笔者知道这听起来似乎有点儿不切实际。

当你选择用自己的“情绪曲子”回应时，这就意味着你承认自己有力量、有自由选择对所发生事情的情绪反应。你所处的环境无法控制你自身的感觉。

为了改变情绪反应，你可以通过改变问自己的问题来实现。

- 不要问：“为什么是我？”你可以问：“我如何在这件事情中实现成长？”
- 不要问：“这样的事情为什么要发生？”你可以问：“我从这件事情中学到什么？”
- 不要问：“他们怎么能这么残忍？”你可以问：“我如何帮助遭受同样痛苦的人？”

这个简单技巧的有效之处在于，它会告诉大脑，你能有很多种不同且合理的反应方式。这也有助于调整自己的情绪反应。

从很多方面来看，一个人在生活早期遭遇的逆境其实是一种奖励，是对你在未来的生活中可能经历的事情的训练。如果你很早就知道自己能克服困难，那就会成为你最深处的思维模式的一部分，那些思考方式将会为你一生所用。

- 过去面对逆境时，你典型的思维 / 行动模式是什么？

- 这种模式是否有利于你，或者调整这种模式是否能够让你更好地面对逆境？
- 未来面对逆境时，你会如何具体地调整自己的思维 / 行动方式？

当你面对难度较大的职业挑战时，首先问问自己是否可以做些什么来影响这件事，如果你可以采取行动影响这件事，那么迅速采取大量行动。从错误或失误中吸取经验教训，然后做调整，采取更多行动。

如果你无法采取行动来影响这件事，记住，你总能控制自己对这件事的情绪反应。不要只是“情绪回声”，选择你自己的“情绪曲子”，以对自己有利的方式回应日常中令你讨厌和沮丧的事情。通过这种方式，可以逐步提高自身的情绪恢复力。

你有多深入、多能管理你的情绪状态，以及复杂和讨厌的人际关系，对你的成长事关重大。

不必将失败公之于众，但至少要对自己诚实。成长的很大一部分，是接受。接受分道扬镳，接受世事无常，接受孤独挫折，接受突如其来的无力感。

当你没能充分发挥自己的潜能时，直面打击，承认自己的错误，从中学习经验教训，承诺以后会做得更好。我们可以追求完美，但不要期望做到完美。

避免使用类似于“不公平”“我忍不住”“不是我的错”的表达方式。避免使用强调受害者心态的词语。你的座右铭应该是“我才是生活的主人”。确定哪些方面有所欠缺以及阻挡自己的障碍，然后移除这些障碍。

不管遇到什么样的困难，选择一直都有。我们现在所处的环境就是当初所做选择的结果。选择行动或不作为，选择关注或忽视，选择加入或避免。最终生存下来并且成功的人就是那些意识到这一点，而且能够承担个人全部责任的人。

每个人都希望自己的生活是顺遂的，也希望遇到的人都是好人，遇到的事都是好事，这样的状态就是心想事成。然而，很多时候让我们真正成长、收获更多的反而是那些挫折和艰辛。

困境是生命过程的一部分，苦难和挫折对人的意义在哪里呢？只要你没有在困境中倒下，你就会变成一个不一样的自己，在你不知不觉中。

艰辛的旅程

这是一趟非常艰辛的旅程。你需要的不仅是进取精神和企图心，还需要你说或做一些有违本性或不符合别人期待的事情。很少人能够只靠按照自己的性格或喜好去做，就可以变成高效能的管理者。

不断地进行自我评估、寻求反馈意见，必然会让你承受许多痛苦与风险。你可能会听到或发掘出许多有关自己的事情，你可能会发现，你并不是想象中或理想中的自己。

寻求别人的协助或建议似乎暗示你有很多缺点或不足之处。听到让自己不舒服的话时，还要坦然地接受，这需要极大的成熟度。另外，向一些让你心存顾忌的人寻求协助，并不是一件容易的事，包括不友善的同事或掌握自己前途的上司。与人分享弱点和成长需求，也等于要你解除自我防卫。

但你别无选择。这趟旅程要求你必须努力超越自己原有的长处与优势，竭力发展新的能力，才能应付越来越复杂、越来越艰难的工作与责任。

所以，为什么你还想要做这件如此困难的事？为什么你还要逼迫自己继续这趟旅程？答案是，为了成长与成功所能带来的满足感。

第一，来自你所能获得的回报与奖赏。例如，荣誉、地位、个人成长以及某些特权，这些目标不见得是你想或应该要追求的，但在特别注重这些价值的社会里，这些东西并非毫无意义，尤其是在它们还能与其他成就感相结合的情况下。

第二，来自你对别人的工作及生命所能产生的影响。当你在管理者之旅中一路扶摇直上时，你将被赋予更大的责任，影响更多人的生命和生活。随着责任的增加，你对组织、组织的成功，以及组织中所有同事的影响力也越来越大。如果你希望自己有所作为、自己的成就不局限于个人的成功，管理者之旅能让你实现自我。

当然，这趟旅程需要很强的自觉性、自制力、纪律与韧性，你需要付出很大的努力，但你的收获与回报也将丰硕。

图书在版编目（CIP）数据

认知升维：高阶职场的底层逻辑 / 凌云著 .-- 北京：中国法制出版社，2022.11

ISBN 978-7-5216-2690-2

Ⅰ.①认… Ⅱ.①凌… Ⅲ.①职业选择－通俗读物 Ⅳ.① C913.2–49

中国版本图书馆 CIP 数据核字（2022）第 094722 号

责任编辑：刘悦（798489332@qq.com） 封面设计：汪要军

认知升维：高阶职场的底层逻辑

RENZHI SHENG WEI：GAOJIE ZHICHANG DE DICENG LUOJI

著者 / 凌云

经销 / 新华书店

印刷 / 三河市紫恒印装有限公司

开本 / 880 毫米 ×1230 毫米 32 开 印张 / 6.75 字数 / 142 千

版次 / 2022 年 11 月第 1 版 2022 年 11 月第 1 次印刷

中国法制出版社出版

书号ISBN 978-7-5216-2690-2 定价：49.80元

北京市西城区西便门西里甲16号西便门办公区

邮政编码：100053 传真：010-63141600

网址：http://www.zgfzs.com **编辑部电话：010-63141819**

市场营销部电话：010-63141612 **印务部电话：010-63141606**

（如有印装质量问题，请与本社印务部联系。）